一群人，一件事，一辈子，一起走

非常教师

褚清源 黄 浩 崔斌斌 著

山东文艺出版社

推荐语

这本书讲述的是发生在民办教育领域的教师团队故事，立体呈现了一个卓越教师团队的成长史和一个优秀团队共荣共进的文化样本。书中记录的21位教师，以最朴素、最常态化的故事诠释了遂州外国语小学校人对教育的至真至诚。这本书不只是写给民办学校教师的，也是写给耕耘在一线的所有教师的。年轻教师一定要读一读这本书，从中你会发现由新入职教师到骨干教师是如何实现快速成长的。相信读完这本书，你一定会为这个团队点赞，也一定会有更清晰的方向。

（雷振海　中国教育报刊社副社长）

"一个孩子朝前走/他看见最初的东西/他就变成那东西/那东西就变成了他的一部分……"美国诗人惠特曼的诗句告诉我们，小学应该是人生理想起步的地方，是生命的初始相遇。遂州外国语小学校学子是幸运的，也是幸福的，他们在这里的六年生活中遇见了太多美好的事物。遂州外国语小学校所提出的"做最真诚的教育，做最懂孩子的教育"是一种主流教育思想，深刻把握了教育的本质和要义。遂州外国语小学校的教育实践同样很好地回答了"惠特曼之问"，也为中国小学教育的内涵发展贡献了经验。

（傅国亮　教育部国家督学、《人民教育》原总编辑）

"有家，有爱，有遂外！"我非常喜欢这句话。我曾到过遂州外国语小学校多次。遂州外国语小学校把教师作为学校发展的第一资源，把善待教师做到了极致。他们所创造的"家文化"是我一直心向往之的组织文化，人际关系非常简单，彼此相互尊重，这样的氛围无疑成就了这支铁军。这支团队是怎样炼成的？他们的成长逻辑是什么？带着这些问题读这本讲述遂州外国语小学校团队成长故事的书，一定会有所得，有所悟。团队强则学校兴。祝愿这支铁军不忘初心，砥砺前行，将遂州外国语小学校这一本土品牌打造成领跑全国的教育品牌。

（杨春茂　教育部中国教师发展基金会原秘书长、中国教育学会监事长）

赢在校长还是赢在团队（代序）

为一个团队画像

"好得很"与"糟得很"正在成为民办学校发展态的两极。

当民办学校都在拼命追赶规模、追赶效益、追赶发展时，决定发展品质的关键——教师，常常会被忽略或遮蔽，这可能是当前民办学校野蛮生长过程中的一大硬伤。对于一些办学者来说，他们总是固执地认为"生源第一""效益第一"，于是，过度关注生源而置教师群体利益于不顾。在我观察的范围内，能让教师及时分享到学校发展带来的红利的办学者并不多，而那些兢兢业业耕耘在一线的教师则习惯于做"沉默的大多数"，怀揣着打工者的心态随时准备"走村换店"。如果民办学校始终处于这样的发展态，民办教育是没有希望的。

我所关注的四川遂宁遂州外国语小学校（简称遂外）则彰显了全新的发展立场。以学校发展为前提，遂外的投资者与管理者以及全体教师结成了紧密的"利益共同体"。学校不只关注教师当下和眼前的利益，更关注教师未来和家庭的利益。比如，学校在购买"五险一金"的基础上，参照企业年金的购买标准足额拨付资金，成立了教师"幸福基金"，给教师最贴心的呵护，仅此一项学校每年多开支一百多万元。幸福基金在运行两年后，被正式写入学校章程。比如，教师子女在本校就读小学免收学费，学校还拿出真金白银为教师子女报销初中、高中的学费。比如，学校每年拿出近百万的专项资金用于教师专业提升。比如，教师林瑛因病休假一学期，但工资奖金照发。比如，校长用车和专职司机，不只是服务校长的，更多时候是用来服务教师的。

一支优秀的团队一定是由有着不同魅力的人组成的团队。当民办学校教师流动成为一种"发展痛"的时候，遂外教师团队却很稳定，在这里见证学校十年发展的资深教师有很多。这里有"最懂事"的董事长张启明，有平时不苟言笑，但笑起来却总是那么富有深意的李启书，有让青年教师感到贴心的"孙妈"孙丽玲，有"课改智多星"李伟，有"百事通"徐红……

有教师专门总结过遂外的几位当家人：生活中有任何事情需要帮忙找徐红助理，他比110都管用；心情不好时去找孙妈，她比心理专家都会开导人；有工作上的困惑去找校长李启书，他的几句话总能让你茅塞顿开；需要用钱，可以找董事长张启明或董事钟得文，他们会伸出援手并温暖地说上一句"任何时候，请记住，你的背后还有遂外"……因此，老师们常说：遂外力，永远在线！

伴随着观察的深入，我渐渐发现，这个团队从利益共同体起步，不断走向发展共同体、精神共同体和价值共同体。他们结成了一个不离不弃的"家文化"团队，结成了精神尺码高度一致的"梦之队"。这种走向值得跟踪研究，值得整个教育行业关注。

民办学校已进入"赢在团队"的发展时代。当我们说"一位好校长就是一所好学校"的时候，往往忽略了一位好校长总是善于带团队的，善带团队的校长自然可以成就一所好学校。换句话说，善带团队才是好校长成就好学校的真正秘密。

民办学校从"赢在校长"走向"赢在团队"，是发展战略的升级。也许在创业初期，创始人或校长会起到决定性作用，但要实现基业长青，实现健康可持续发展，"赢在团队"才是王道。毫无疑问，我所跟踪观察的四川遂外教师军团就是这样一个因为团队而实现学校华丽转身的传奇，他们正在成为好团队的代名词。

什么样的一群人才能称为好团队？我想用一个词来概括，那就是"在一起"。"在一起"是对团队的一种精神画像，是一种"家文化"的独特存在。人在一起不一定是团队，心在一起才是团队。"在一起"意味着相互信赖、互为支撑、共好共荣，意味着让那个大写的"人"字真正站立。

非常教师的非常之处

在民办学校教师的工作量平均比公办学校教师高1.5倍的情况下，遂外教师到底是什么样的工作状态？他们何以不离不弃？随着采访的深入，一些答案开始变得愈发清晰。

我们试图用21位遂外人的故事来回答这些问题。这21个成长样本可能正是遂外精神的最好注解。

好的品牌通常是有故事的，遂外品牌也不例外。董事长张启明就是一个有故事的人。木匠出身的他，一直感受着生命的自足，也以朴素的"工匠精神"引领着学校的发展。他与董事钟得文都是典型的"甩手掌柜"，平日里，两个人很少到学校，学校内部的事由校长李启书统筹决策。

五年前，李启书正是在他们两位的多次游说下，从一个中层领导走向了校长岗位的。没有做过校长的李启书善于站在被管理者的角度换位思考管理的问题。于是，在董事会和教师之间，李启书做到了最大的平衡。在教师心中，董事长和校长两个人都是不善言语的，但两个人彼此的信任与默契让他们成了事业发展的黄金搭档。当时就有人说，董事长张启明和校长李启书两个人名字中都有一个"启"字，两人组成的搭档意味着一个新秩序的开启。这一说法在接下来的五年里被充分印证。

尽管如此，李启书认为，创造遂外品牌奇迹的，不是办学人，不是校长，也不是学校背后的专家智囊，而是一支有"归属感"的教师团队。

有太多的经验和故事值得更多同行走进这所学校，走近这个团队。在遂外这个独立而完整的小世界里，到底发生着怎样的故事呢？

2015年遂外"福娃节"的前一天晚上，遂宁遭遇狂风暴雨，学校已经布置好的会场被瞬间摧毁。没想到，在没有任何领导电话通知的情况下，凌晨4：30所有的行政人员全部赶到学校；5点钟所有教师全部到齐，大家开始分头整理会场；6点钟会场收拾完毕，整个校园是各班教师电话通知家长"福娃节"正常举行的场景。负责后勤保障工作的徐红每每提及此事都感动不已。在他眼中，这次自发的爱校行动成为遂外团队文化中的一次关键事件。

这样的故事有很多。沿着故事的方向，我们可以触摸到一所学校和一支团队的未来。

北京十一学校亦庄实验小学原执行校长曹君曾来到遂外，她说，教育学就是关系学，关系好了，教育的结果自然就好了，就这一点而言，遂外已经做到了。遂外的十年发展在讲述着一种教育思考，那就是强大的团队永远胜过强大的个体。

台湾教师李玉贵先后两次走进遂外，与老师们互动交流。她表达了对遂外教师团队的敬意。在她眼中，遂外团队虔诚的学习热情和行动力是他们最宝贵的精神财富。

遂外在当地是小学的领跑者，但吸引我们不断走进遂外的，不是因为他们在当地已经成为首席品牌，不是因为他们有太多的辉煌数字和光环，而是他们的真诚，如一杯老酒一样需要慢慢品味才能读懂的真诚。我是慢慢才发现这个团队的魅力所在的：厚道、真诚、不张扬、不功利。

这也是将这支由 80 后、90 后组成的教师团队誉为"非常教师"的原因所在。

遂外经验你学不会

回看一些学校的发展，大凡那些迅速崛起的学校，通常的发展套路就是两个字——"挖人"，美其名曰：人才引进。京城的挖地方的，省会的挖地市的，大城市挖小城市的。但是，并不是所有的民办学校都可以"以挖见长"的，更多时候，你只能成为其他学校的人才培养基地。

遂外这支团队不是靠挖名师搭起的，而是从零开始，自我培养生长起来的。从这个角度讲，遂外这支团队更值得尊敬。

对团队价值观的引领，李启书是通过平时的工作会议完成的。每次工作会上，李启书总能结合具体的工作抛出新颖的观点。有心的教师梳理过李启书的经典语录："思想是教师的风骨和气质！""不要总指望别人来帮你，要想着别人需要你。""只要是为了学生好，一切都好说。""做一件事，要靠信念与坚持不懈，与他人的评论无关。""年轻最大的资本就是可以犯错误，认认真真地做，也可以认认真真地错。""少提空口号，多提实在事；少想眼前利，多谋长远计；少讲给我冲，多喊跟我干；少说我不能，多想怎么办。"

校长的这些理念慢慢成了一个团队的价值观。遂外团队是一个"没有借口"的团队，每一位教师都敢于去做问题的终结者，不把问题推到别人身上。遂外团队是一支具有"富人思维"的团队，能够敏感地捕捉到教育教学领域最新的理念和经验，他们对学生思维力的培养、对学习共同体的研究、对儿童学情的研究，都是近年来不断引入更新的。这一切都是为了将教育做得更真诚，更有品质。

对那些新入职的教师而言，遂外更像是一所大学。遂外教师的成长逻辑就是"多干活"。教师费娟曾经在一篇文章中这样写道："工作不养闲人，团队不养懒人。让人迷茫的原因只有一个，那就是在本该拼搏的年纪，却想得太多，做得太少。"所以，加速成长成了她的自我要求，听课，不停地听课，成了她每天的必修课。

遂外团队里的每一个人都能够保持工作、学习和创造的热情，这得益于遂外的管理文化。日本企业家松下幸之助说，企业管理过去是沟通，现在是沟通，未来还是沟通。团队文化的形成需要一个重要的情感前提。遂外团队有这个情感前提，人与人之间便拆掉了阻碍沟通的心墙。如果继续追本溯源的话，遂外团队人与人之间能够建立这个情感前提是因为"真诚"二字。管理在遂外如此简单，简单到只有"真诚"二字。人和人相遇靠的是缘分，人和人相处靠的是真诚。用这句话来表达遂外团队的文化再恰当不过了。

真诚不是说的而是做的，在遂外，真诚在教育教学领域有具体的行为标准，在管理领域同样有可触摸的措施。遂外逐步形成了基于真诚基因的文化生态链，董事会真诚尊重教师，教师真诚尊重学生和家长，然后，真诚反哺真诚，尊重唤醒尊重，实现了良性互动。

真诚可能是这个世界上最稀缺的资源。有人说，"致良知就是致真诚"。遂外就走在"致真诚"的路上。他们以真诚为起点，用真诚来管理，立场鲜明地祭出了"做最真诚的教育"的宣言。

正如李启书所说："小孩子记不住教师教给他们的知识，但他们记得住你的好，也记得住你的坏，更记得住你的真情抑或假意。"所以，真诚是遂外团队的重要价值观，是遂外办教育的态度、原则和底线，更是承诺。

有人说，遂外的经验不可学，其实，遂外没有什么秘密，他们只是真诚地坚守了人本立场！遂外的教育有一颗"禅心"，即去除功利，一心寻找协助孩子成长的最好方式、最佳路径和最优方法。李启书说："没有这颗'禅心'，教育就将成为一场有求必应的交易。"

走好下一个十年

遂外团队确立了一个观点，缔造了一个世界，使这所年轻的学校不经意间成为当地教育的首席品牌。

这个观点就是："做最真诚的教育，做最懂孩子的教育。"遂外十年，他们只专注做好这一件事情。其实，这一观点不只是遂外的口号，更是遂外的宣言和灯塔。

今天定义遂外的成功还为时尚早，但遂外的发展佐证了一个重要的发展观点，那就是"赢在团队"。可以说，遂外这个团队样本是具有向导意义的。

从来没有完美的教育图式。我们如此赞美遂外这个团队，并不意味着她是完美的、是没有问题的。走过十年的遂外拥有足够的发展自信，但他们并没有因此而忘记忧患意识，在通往未来的路上，他们总是展现出一种重新出发的姿态。目光向内、反躬自省，已经成为遂外人做事的态度。

每所学校都会遭遇到"成长的烦恼"。遂外"成长的烦恼"来自如何加速教师的专业成长。过去十年，在大强度的忙碌中，刚入职的教师迅速成长为有经验的教师，而下一个十年需要给他们更多的时间用来反刍和提升，从经验走向理论，用理论反哺实践。毫无疑问，让教师从忙碌中抽离出来，让教师成长，让文化生根，成为摆在李启书面前的一个重要课题。

有人说："遂外这支团队很忙！"忙到什么程度呢？可能会超出你的想象。网上流传这样的段子："我走娃未醒，我归娃已睡。为师已无憾，为母心有愧。"这是遂外教师的真实写照。

我当然能理解，忙是因为他们总想将工作做到极致、做出创意。但是，这并不是遂外可以让团队无休止地忙下去的理由。

有闲才可能有智慧。所以,"解放教师的时间"已经成为遂外的主事者们主动自我手术的痛点之一。他们正在试图破解这一难题,给教师更多可自主支配的时间。

一所民办学校最大的财富不在于有多少生源,不在于积累了多少财富,而在于有多少愿意不离不弃的教师。遂外呈现了一个教师团队奋斗的图景。这支有课改信念的铁军如此有凝聚力,让每个教师有强烈的归属感。这种"家文化"所产生的力量,正在重塑遂外的下一个十年。一所学校需要一个"十年再造"的战略设计,需要有灯塔和火把照亮目标和脚下的路,如此,学校的发展才不至于盲目,才不再总是跟着感觉走。如果说过去十年遂外的发展是"用实践照亮实践",那么,下一个十年他们要"用理论来照亮实践"。

我们的初心

如果不是三年前的一次机会与遂外结缘,我想不可能有今天这本书的诞生。写这本书是我与这支团队认识三年后做出的决定。三年前,这支团队被中国教师报的记者发现,于是,业界有了关于遂外品牌的传说。

在采访和写作过程中,我们发现遂外的故事如此之多,但又如此平凡。他们没有什么惊天动地的创举,有的只是日复一日、年复一年甚至有些单调的教育生活。他们没有跌宕起伏的人生故事,他们只是民办教育大发展时代的小人物。但真正照亮教育星空的不就是这些普通人的故事吗?民办教育的发展不仅需要大事件,还需要普通人的故事。一个人就是一个世界。21个人的梦与痛、幸福与激情聚拢起来,就是一个丰富的大世界。

记录这个团队的意义不在于故事本身,而在于这么多故事组成的团队样貌。作为长期关注民办教育的记者,有必要将他们的故事讲给更多的人听。我们需要发现更多这样的样本。我相信,像遂外团队这样的样本注定是民办教育发展史的一部分，也将成为影响民办教育发展的一部分。

采访遂外的教师，我们的方法只有一个，那就是倾听，带着一颗好奇和探究之心去倾听每一位教师的故事。

我们的想法是给民办教育呈现一幅生动的教师人物画卷。

我们的初心是为民办教育立言。

记录这个时代的民办教育需要新的方式、新的视角。我们通过一本书来微观探视一个团队，旨在做出一种探索的努力。N年以后，希望这本书可以为民办教育发展留存一份资料。

本书全景记录21位教师的遂外生活，真实呈现遂外军团的立体样貌。21位人物勾勒出了一个有味道的遂外。这种味道是家的味道，是幸福的味道，是与美好的人和事不断相知的味道。

本书是一所学校的人物志，是一本关于21位教师的故事书。读这本书还可以在以下几个方面受到启发——

如何将"尊重"二字从"说"转化为故事和行为？

作为领航人如何带领一支年轻的团队？

民办学校如何培植组织与团队的核心价值观？

在每一个人物的最后，我们特别设置了普鲁斯特问卷。这个问卷里的普通问题常常泄露了一个人的心灵秘密，他的追求、喜好甚至生命观。据说，普鲁斯特问卷最有趣的是：同样的问题，不同的人的答案相差甚远；同样的问题，一个人此时与彼时的答案也大相径庭。普鲁斯特问卷中的28个问题，每一个读者都可以尝试着去回答一次，这是一次很有趣的与自己的内心对话的机会，多年以后再来回看的时候会更有意义。

限于时间，我们对每一个人物的采访和记录还远远不够，那些生活和教学中最生动、最细节的地方还有很多未捕捉到。

有人说，一个人一生最终要去四个地方：历史、未来、周边和自己的内心。一个团队也一样,要回望自己走过的路,要遥望灯塔指引未知的领域,要环视周遭的环境,但最终不能忘记自己的初心。

民办教育人的初心是什么?

希望每一位读者能从中再次看见自己的初心,希望遂外这个样本给更多的民办教育管理者带来一点思考的线索。

褚清源
2017 年 12 月 12 日于北京

目录

赢在校长还是赢在团队（代序） / 1

李启书：一半是教师，一半是校长 / 3
孙丽玲：用爱和细节表达德育 / 21
李伟：遂外课改设计师 / 33
李静丽：十年不悔遂外梦 / 45
罗丽：从"孩子王"到"改革者" / 57
徐红：遂外的"百事通" / 69
钟恒：像向日葵一样生长 / 79
覃炼：爱得深沉，累得痛快 / 91
王祥柏：一边行走，一边思考 / 103
李剑：为自己的人生出一本书 / 115
邓琪：学习是最好的成长助推器 / 127
彭艺：85后里的思想者和行动者 / 139

方霞：孩子们的爱，是最好的回报 / 151

周汪：对孩子要付出"真感情" / 163

伍雁：坚守在三尺讲台 / 173

袁涵彬：和遂外一起慢慢变老 / 185

丁维玲：做一米阳光 / 197

林瑛：与自己死磕 / 209

赵凤英：她有一个"美丽的名字" / 221

袁桂华：在遂外工作我很踏实 / 231

卢泽勤：一位生活教师的自白 / 241

后记 / 247

附录一 / 249

附录二 / 254

做最真诚的教育,做最懂孩子的教育!

——李启书

李启书：一半是教师，一半是校长

李启书是一个群体的偶像。

这句话他自己可能并不愿意承认。但毫无疑问，这是整个遂州外国语小学校教师团队的一种不约而同的认定。

在这所有故事的学校里，校长的产生便充满了故事感。五年前，还是一个中层干部的时候，李启书被董事长张启明"三顾茅庐"推到了校长岗位。一个从没有想过做校长的中层领导一夜间成了校长。

大概张启明并不知道，他的"强人所难"让遂外少了一个好老师，却成就了一位好校长。

刚做校长时，李启书没有想过他能把这所学校带向哪里。但是，五年后的今天，这所年轻的学校在遂宁已经变得炙手可热，每到招生季可谓是"一席难求"。而这支年轻的教师团队也被他带出了精神，带出了经验，带出了"铁军"气质。

一位不愿意做校长的校长凭借什么把学校经营得如此风生水起，凭借什么让一群80后、90后教师追随他不离不弃？

李启书作为校长，最大的魅力可能就在于真诚、担当与威信。

他的真诚体现在，一切决策都以师生员工的成长、发展和利益为出发点。

他的担当体现在，当教师在工作中出了错，甚至是不小的错误，在李启书这里没有批评，而是首先帮着分析原因。再大的错误和问题总有校长和学校顶着。那些有创新精神的教师，尽可以安心地、认认真真地"犯错误"。

他的威信体现在，在教师需要他的时候一定给予充分的支持和帮助，在危机时刻总是校长冲在最前面。曾有个别家长来学校找老师闹事，李启书带领男教师第一时间冲上去，保护自己的教师。"我不允许自己的教师在学校里受别人欺负。"他的这种"护短"赢得了教师们死心塌地的追随。

李启书总是能够站在员工的立场考虑问题，这已经成为他的一种管理理念。如果素描他在遂外的特点，有这样几点不可不说——

1. 名副其实的当家人，全体教师的"好家长"；
2. 与教师有关的管理充满人情味；
3. 放下"架子"，不，是从没有架子。

曾经是"有魔力的教师"

李启书看起来很像一个当过兵的人，举止言谈间都显现出一种军人的气质，身材挺拔、不苟言笑。多年以前，李启书学过音乐。工作后他教过体育，教体育的时候，不会踢足球，他就通过看世界杯学习踢足球的动作，然后再来教学生。最后他在语文教学领域崭露头角，成为名师，曾荣获四川省青年教师优质课竞赛一等奖。

平日里他的话不多。只有交往一段时间，才能慢慢走进他的精神世界。

他是骨子里爱教育、爱孩子的人。

2002年，李启书放弃公办学校的工作，从乡镇学校走进城里的民办学校，担任班主任并负责语文教学工作。那个时候，他还在绵阳。民办学校与公办学校的工作特点明显不同，比如，在民办学校你是不能批评学生的，因为留住生源比批评教育更重要。这让他练就不批评学生却能搞定学生的教育智慧。"直到现在班上最顽皮的那些孩子，还长期和我保持联系，时常跟我聊家常、谈工作。"李启书说。

后来，他来了遂外，竟然有孩子跟着他从绵阳来了远在260公里之外的遂宁读书。

李启书很有孩子缘，这一点同事罗丽似乎最有发言权。她的女儿五年级的时候就在李启书的班上。"孩子很多事情不跟我说，却愿意跟他们的李校长说。即便现在已经到了初中，"罗丽说，"孩子一有什么问题就打电话给李校长商量。不知道他有什么魔力，能取得孩子们的如此信任。"

做教师的时候，李启书的确被称为"有魔力的教师"。孙丽玲说，他和那些问题学生总是关系最铁，与他搭档这么多年，没有见他放弃过任何一个学生。

自从离开了课堂，他总是唠叨教过的那些孩子。他说起自己学生的故事可谓如数家珍，滔滔不绝。孙丽玲知道，那一刻他最幸福。而孙丽玲却总喜欢刺激他，常拿他没有自己的学生来开玩笑："你只能靠回忆过去那几届学生过日子了。"李启书有时候想起来真有点难过，做校长这些年，他最大的遗憾就是，没有了亲自教授的学生。

"我很想回到做教师的日子，我属于教室。给我一个班级，我就有了一个更丰富的世界。"在李启书的世界里，最幸福的事情就是，坐在学校操场边看学生。"这种感觉真的很好！"李启书说。

与大家一起慢慢变老

李启书对教育有着自己深刻的理解。

作为教师，他认为，"教学，就是和学生谈场恋爱，需要慢慢品"。

教室里流淌的不应该只是知识，还应该关注那蓬勃生命的张力，这才是关注"人"的教育。

成为校长后，他不断建构着一个完整的教育系统。

彼时的遂外，有太多的艰难和不易，人们对遂外还没有充分的信任和接纳。于是，他提出了"做最真诚的教育，做最懂孩子的教育"的主张。在他看来，"任何虚伪的教育都不能唤醒与学生的共鸣，唯有真实的故事才能打动他们的内心"。所以，这一主张是一种愿景，更是一种鞭策。

他还提出了"爱、智慧、美好"三大主题词。他认为，好的教育，是用爱与智慧为孩子们撒下美好的种子。爱是形式，智慧是内容，美好是方向，以真爱撒下道德的种子，以阅读撒下精神的种子，以智慧撒下学力的种子。

关于教师发展，李启书提出的理念是，"最大的福利是培训，最大的关怀是发展，最给力的帮助是设计"。教师的尊严在于有思想、有方法，思想是教师的气质和风骨，方法是教师的智慧和力量。

2017年秋季新学期开学，李启书强调工作要更"接地气"。"接地气"就是要直面真问题，不埋怨，不发牢骚，不找借口，将别人的批评和建议有效落实在工作优化和改进中。"接地气"就是关注孩子的学习是否真实发生。遂外的孩子是否知道"$3+2=5$"不重要，重要的是，他是否在回答成"$3+2=4$"之后还愿意重新尝试。

最近一年多来，李启书一直想请辞校长。他有一个充分的理由选择退隐，那就是重新回到课堂里做老师。这一点绝不是矫情，而是虔诚的教学情结，他固执地认为，只有与学生在一起才会有真正的教育人生。

之所以想辞去校长职务，还因为他诚恳的反思："我不能成为学校发展的天花板，我能带领学校走好下一个十年吗？"

董事会和整个教师团队显然不会接受他的请辞，他必须带领大家一直走下去，写完那个"一起慢慢变老"的故事。

遂外走过十年，李启书如今想得最多的是，要解决教职员工的后顾之忧。董事会已经通过他的建议，为这群一起工作的教职员工建一所老年大学。"最浪漫的事就是一群人在一起慢慢变老"，这不是一种愿景，而是一种约定、一种承诺。

访 谈

褚清源：遂外为什么提出要"做最真诚的教育，做最懂孩子的教育"？要知道，这个标准可是很难达到的。

李启书：我记得有人提出：这个世界什么都可以浮躁，唯独教育不可以浮躁！但是现在的学校、当下的教育是什么样的？在民办学校近二十年的工作经历中，我见识过太多的"大场面""大手笔"。归纳一下，民办学校大抵分三类：第一类是自卖自夸型的，夸耀、夸张，甚至浮夸，是其典型特点，多少有一种"人有多大胆，地有多高产"的味道；第二类是贬损型的，他们在夸耀自己的同时，绝不会忘记以"生动的事例"贬低别人，以此来抬高自己；第三类是财大气粗型的，他们觉得教育拼的是钱，觉得有钱就能解决问题，除了在理念、硬件上一味追求高大上以外，招生——用钱买，教师——用钱挖……有人开玩笑说，现在的民办学校中最流行的用语就是"兄弟，今天你挖了吗"。

褚清源：你所描述的三类学校的确存在，并且不在少数。这是民办学校发展的"致命伤"。

李启书：当然，说这些只是发一下牢骚而已，对这些我无法改变，也无力改变。但我可以改变自己，约束自己。遂州外国语小学校是一所纯粹的民办学校，没有任何官方背景，没有特殊政策支持，"发展"是董事会、学校、家长、老师唯一的，也是最统一的"目标"。那么，是不是有了这样一个统一的"目标"就能发展了呢？远远不够。这里的发展仅仅是一种朦胧的意识，是一种孕育着美好憧憬的口号，这种虚妄的憧憬不足以支撑一所学校的崛起，更不足以撑起教师、员工、家长和社会丰满的理想。对于民办学校而言，董事会和学校之间还需要有一种默契，这种默契绝不是凭空而来的，它需要用理念、思想、意识和路径去统领、去协调、去约束。于是，我们提出了"做最真诚的教育，做最懂孩子的教育"。我想，这既是遂外的目标，也是遂外人做事的准则，更是实现遂外教育憧憬的有效途径吧。

"做最真诚的教育，做最懂孩子的教育"是遂外对智慧教育多年探索与实践的补充和完善，是遂外人教育智慧的结晶。真诚的教育和懂孩子的教育，是贴地行走的教育，是脚踩大地、仰望星空的教育，是立足当下、眺望远方的教育；真诚的教育，是以"真和诚"为起点，用真心、真情去对待每一个孩子，不是经过人格美容的教育。这不是什么高大上的教育理念，也不应该成为口号，它是遂外的教育立场和教育宣言，是全体遂外人的行动纲领和职业底线。换言之，但凡不是出自真心，真诚地去帮助孩子、老师成长和发展，帮助他们更好地迎接未来、赢在未来的事情，遂外绝不为之。

在遂外，"真诚"是一种态度，是承诺，是用真心铺就师生成长的跑道，用真情守护师生成长的梦境，用真爱催生师生成长的觉醒……教育的真诚，不仅仅是老师对待孩子的真心、真情与真爱，还应该表现在作为教育工作者的我们对自己客观、公正的认识、反思和悦纳。

而"懂孩子"，则是教育教学的起点，也是实现遂外人教育憧憬的行动路径！"懂孩子"的内涵，一是理解、包容与悦纳；二是洞悉、迎合与引领。因此，教师不仅要理解孩子、迎合孩子、悦纳孩子，更要引领孩子、发展孩子、成就孩子。懂孩子的教育，是要把孩子当作独特的人去深入、全面而科学地了解，研究孩子的心智发展、认知规律和成长规律，并在此基础上，为每一个孩子设计个性化的成长路径，帮助孩子拥有迎接未来、拥抱幸福的核心实力。这有点像农民种庄稼，光靠爱不行，只有懂得种庄稼之道，才会有好的收成；教育孩子，仅有爱也不够，只有"懂"孩子的成长规律，才能帮助孩子、转变孩子，让每个孩子都拥有"美好"的未来。

褚清源：如果说"真诚"是一种态度的话，那么，"懂孩子"则是一项专业技能。

李启书："做最真诚的教育，做最懂孩子的教育"确实不容易。但我想，任何一件事情，要做好，都不容易。不过，反过来想，做好一件事真的有那么难吗？遂外十年的成长经历告诉我，"做最真诚的教育，做最懂孩子的教育"不仅能够把董事会、学校、老师和家长的思想、意识和心凝聚在一起，还能让遂外的教育变得更加宁静而纯粹。因为只有当董事会和学校真心对待老师、懂老师，老师才能够真心对待孩子，懂孩子，家长也才能够"懂老师""懂学校"。因此，如果我们的"真诚"足够真，又岂能不被接受并收获真心？尽管难，但我们愿意一直努力！正如先哲所说："虽不能至，心向往之"；"非曰能之，愿学焉"。

褚清源：当初，董事长邀你做校长，你并不是十分情愿。但是，做了校长后却将学校经营得风生水起。在你看来，与做教师相比，做校长的幸福和痛点在哪里？

李启书：当初不愿意做校长，真的是因为我自己的确没有做校长的能力，更没有做校长的潜质，直到现在，我依然这样认为。后来，之所以走上校长的岗位，一是因为董事长的盛情难却，二是因为遂外质朴、务实而又情深义重的管理团队和教职工团队，三是因为我的私心，我希望有机会去实现我的一些想法，过一种能主宰和守望自己的教育憧憬的生活。就像我前面说的那样，只要我足够"真"，有何难？这也是一直以来我对自己的鼓励和坚持下来的理由。所以，我经常告诉老师和孩子们，我们要想做好一件事，就要先做好自己的引路人和人生导师，做好四件事：规划自己，约束自己，安慰自己，激励自己。

其实做校长是没有幸福可言的，我经常说"校长不是人做的"，尤其是民办学校的校长，你很难找到幸福的增长点。民办学校校长的"痛"是多领域、全方位的，其中最大的痛便是众口难调。董事会对经济效益的追求，教职员工的自身权益诉求，家长对孩子成绩、能力、素养的个性化、超现状的期望，主管部门、家长对学校安全工作泰山压顶般的零事故标准……如果说中国教育需要在夹缝中寻找出路的话，那么，留给民办学校的"夹缝"就更小了。更要命的是，民办学校必须在市场竞争中赢得自己的空间和地位，你不能敷衍，不能有不发展的理由，因为你要"活下来"！

褚清源：你这么一说，民办学校的校长的确不易。不过，我倒是更愿意听一听你对幸福的理解。

李启书：《哈姆雷特》中那段著名的台词是对民办学校处境最好的解读："生存还是毁灭，这是一个值得考虑的问题。默然忍受命运暴虐的毒箭，或是挺身反抗人世无涯的苦难，通过斗争把它们清扫，这两种行为，哪一种更高贵？"作为民办学校，你只能选择"挺身反抗"，但是这个过程却是极其艰辛的，也是无法言说的。

站在这个角度看，民办学校的"痛点"又恰恰是民办学校"幸福"的增长点。因为我们不需要去关注那些过多的需要，也没有必要让"所有人都满意"，我们要的是"发展"，并将发展成果变成实实在在的实惠，这是解决一切矛盾和需求，调节不同"口味"需求的良方，而发展的出发点与立足点必须是学生和教师，这也是遂外的"真诚"与"懂"的重要表征。在任何时候，我都相信：出发点越是朴素、真实，越容易到达彼岸！只要我们站稳了学生立场、教师立场，老师们自然会找到学生立场、遂外立场。所以，在遂外，教师、学生永远都是第一选择和第一需求！当初，我和董事长在当校长问题上的第一约定就是：教师、学生的利益神圣不可侵犯!

褚清源：好一个"第一约定"，感佩于李校长的立场和决绝。遂外走过十年，在业界备受关注，很重要的一点是，你很好地兼顾了董事会与教师之间的权益。在你看来，民办学校的校长该如何处理好与董事长的关系？

李启书：董事会的利益和教师的权益的确是很难调和的矛盾，作为校长，我必须清醒地认识到这个问题的重要性，还要想尽办法去解决、去调和，并且不能有任何理由敷衍塞责，不能说董事长不愿意或者不同意，我也没有办法。因为我知道，教师的利益我不去争取，永远没有人去争取，更不会有人主动提出为教师解决福利待遇问题。因此，处理和协调"董事会与教师之间的权益"问题，一定要本着"能舍者，天地不弃；既得者，无愧于心"的思想，积极主动地做好教师与董事会之间的纽带、情感的润滑剂，争取到彼此之间的谅解、理解和支持。就好比已婚男士，一定要去面对和调和婆媳关系，不是吗？

调和董事会与教师权益的首要任务是"理念和意识"。作为校长，我们不能挑起董事会和教师、学校之间的矛盾，尽管这两者之间本来就是矛盾的。不能推诿，不能和稀泥，要想方设法让董事会明白：学校的第一资源不是校舍，不是硬件，不是理念，不是学生，是教师！这个顺序不能变，这个底线不能破，这是学校进入良性循环的开端，是董事会必须具有的战略性思维。作为一个有远见的、成熟的管理团队，我们要永远把教职工和学生的利益放在首位，要像捍卫领土主权一样坚定而不可动摇。教职员工和学生是学校品牌和品质的保障，是学校效益的保障，只有"实现好、维护好、发展好教职工最根本的利益"，学校的效益、董事会的利益才有可能得到保障。董事会和学校只有不断解决教职工最关心、最现实、最直接的利益问题，让发展成果以"看得见的实惠"让全体教职员工享有，教职工才会把学校的发展与自己的利益紧密联系起来，才会有全身心投入的激情和干劲。

就像通用电气集团总裁杰克·韦尔奇说的那样：工资最高的时候成本最低。通常我们只考虑到会计成本，没有考虑到机会成本，没有考虑到人的成本。其实，你给员工吃草，你将迎来一群羊！你给员工吃肉，你将迎来一群狼！老板让员工吃亏，员工就让客户吃亏，客户就让老板吃亏。但是，董事长的这些理念和思想不会自然生长，因此，校长此时的身份应当是"培训师"，是"政委"，要从董事会"利益需求"的角度反复论述"利益"如何产生，"利益"如何最大化，晓之以理，动之以情，长此以往，一定会改变董事会的想法。与此同时，我还得让教职员工看到董事会的改变，将赏识教育的理念发挥到极致。

褚清源：作为校长，你如何做到对上负责，确保董事会的利益不受影响？

李启书：调和董事会和教师权益的前提和保障是"成绩"。彭大将军说过：腰杆不硬，江山不幸。校长的腰杆是什么？是老师的工作表现，是学校的成绩和口碑，是学校的品牌美誉度。老师和校长都得明白这一点。如果学校没有这一系列的"成绩"撑腰，校长又怎会有底气去为教师争取所谓的"权益"和幸福？"成绩"是调和董事会和教师权益的重要前提和保障，也是校长和董事会"亲密关系"的前提和保障。要知道，这个世界哪里有那么多的理所当然！

调和董事会和教师权益的核心要素是校长的"人品"。校长作为董事会和教职员工之间的利益平衡器，首要的就是自己的"平衡"。我是校长，我是拿着董事会的钱去实现自己的教育憧憬，说白了，不就是人家给我们提供资金、提供平台，让咱们去做试验吗？所以就算吃点苦，受点委屈也是应该的。只有这样想，我们的心态才会平和，才不会得"红眼病"。我所说的校长的"人品"指的就是在利益面前经得住诱惑，能够正大光明地为辛勤工作的教职员工争取既得利益，做到问心无愧。"能舍者,天地不弃;既得者,无愧于心"说的大概就是这个道理吧?

褚清源:你对职业校长是怎么理解的?你认为,职业校长需要具备哪些素养?

李启书:职业校长应该是专门从事学校经营,护航学校发展,储备学校核心竞争力的专职校长,它不是一种职务、一种头衔,更不是虚荣,它是一份责任,一项使命。这不是唱高调,我觉得这是职业校长的基本素养。如果把当校长看作当官,或者看中的是职业校长的待遇,那么学校的发展将无从谈起,也不可能发展。

做职业校长,首要的就是对教育信仰的坚守,坚持做最专业的教育!这也是职业校长面对的最大挑战,它需要职业校长在资本控制和行政干预中冲破阻碍,实现突围。因此,我们可以大胆地去叠加职业校长的基本素养:

第一,职业校长要有坚定的教育信仰。这是职业校长所有能力效用最大化的根本。因为职业校长肩负的是责任、担当和使命,要想在资本控制和行政干预中找到出路,就要把学校的发展、教师的幸福和学生的成长坚定而坚决地扛在肩上,当作信仰去守护。如果没有教育信仰,我们拿什么去坚守?请记住:每一个成功的背后,都有一个辛劳的身影和一份近乎痴情的坚守。这份痴情,就是教育的信仰!

第二,职业校长要有专业的办教育的能力。职业校长的职业是办教育,是经营教育,所以他必须是教育的守护神,是教育的捍卫者,是懂教育规律的行家里手。在经营教育的过程中,要自始至终将自己置身于教育的世界,用自己的专业态度、专业精神、专业素养和专业操守,让自己经营的教育脱离政治本位和经济利益模式,勇敢地实践眺望远方、面向未来的教育理想和教育哲学。简而言之,就是不跟风、不盲从,不忘初心、不越底线。

第三,职业校长要有足够的影响力和号召力。职业校长在实践自己的教育理想和教育追求的同时，还要不断提升自己的影响力和号召力，要用自己的激情和热情去感染身边的人，去激发教师做学问、做研究的激情和热情，培养和发展教师的育人能力，消弭教师的职业倦怠。而职业校长对于工作的求真务实、爱岗敬业、甘为人梯的精神所折射出的人格魅力是影响力和号召力的重要来源。

第四，职业校长要有宽广的胸怀和气度。包容、理解是一个管理者最基本的德行，委曲求全和面面俱到的求全责备都不可取。教师也是人，跟学生一样，只有我们允许他们犯错，包容他们的不足，接纳他们的暂时不优秀，教师才会大胆创新、锐意进取。只有愉悦、自由的心境，才会让我们的老师创意无限、热情无限、激情无限。

褚清源：你认为自己是职业校长吗？

李启书：我想我离成为职业校长还有很远的距离，我还是喜欢自己作为教师的身份。我经常跟大家说，做管理的，千万不要在做了管理后就忘记自己作为老师的时候对管理者的"抵触"；做老师的，也千万不要忘记自己做学生的时候的感受。作为管理者，我们安排工作，分派任务，一定要让老师们明白做什么、做成什么样，管理者的核心任务是让每一项工作清晰、准确。作为老师，我们给学生布置作业，目的是让学生巩固、掌握知识，或是习得某种能力。管理者也好，教师也罢，我们安排工作、布置作业的出发点一定是为了成长和发展，不是"分"完了事，也不是宣读"圣旨"。

褚清源：在你眼中，你会怎样描述理想的学校、理想的教师、理想的课堂、理想的教育？

李启书：理想的学校一定是对学生的当下与未来都高度负责的学校，是对在这里工作的教师终生负责的学校，是汇聚美好事物的中心，是一个丰盈、博大、深邃的文化磁场和精神宇宙。一言以蔽之：让每个"同行者"不虚此行！

理想的教师首先要是一个好人，是一本活生生的、蓄满生命智慧的好教科书。理想的教师，要有让三尺讲台展现生命世界无穷魅力的能力；理想的教师，是真真实实地以孩子的成长为出发点和目标的，他会自觉地把每一个学生的成长和未来扛在肩上，并当作自己的最高荣誉。

理想的课堂是为未知而教，为未来而学的课堂。理想的课堂因求知而生，因质疑而生，因思维而生，因体验而生，因成长而生。理想的课堂要有思想的火花，情感的流淌，思维的碰撞；理想的课堂是知识的超市，思维的磁场，成长的历练。

理想的教育不是迎合当下社会，而是开启未来人生的教育；理想的教育是有底线、接地气的教育，是把人的成长和未来真正装在心里的教育，它的一切都是为转变人、发展人、成就人服务的。

> 普鲁斯特问卷·李启书

1. 你认为最完美的快乐是怎样的？

——与一群有相同想法的人，静静地做事，慢慢地变老。

2. 你最希望拥有哪种才华？

——一是写作，二是与陌生人自如地交往。

3. 你最恐惧的是什么？

——站在高处。

4. 你目前的心境怎样？

——愉悦、平静。

5. 还在世的人中你最钦佩的是谁？

——恩师张仁诚老先生。

6. 你认为自己最伟大的成就是什么？

——拥有像亲人一样的同事。

7. 你自己的哪个特点让你最觉得痛恨？

——怕生。

8. 你最喜欢的旅行是哪一次？

——我不喜欢一切旅行。

9. 你最痛恨别人的什么特点？

——存在即合理，别人与我无关。

10. 你最珍惜的财产是什么？

——父母安康。

11. 你最奢侈的是什么？

——同事。

12. 你认为程度最浅的痛苦是什么？

——领导不认可。

13. 你认为哪种美德是被过高评估的？

——谦让。

14. 你最喜欢的职业是什么？

——教师、军人。

15. 你对自己的外表哪一点不满意？

——跟随我多年，感情不错，故不忍嫌弃。

16. 你最后悔的事情是什么？

——当校长。

17. 还在世的人中你最鄙视的是谁？

——没有善心的老师和医生。

18. 你最喜欢男性身上的什么品质？

——大气、隐忍和诚实。

19. 你使用最多的单词或者词语是什么？

——成长。

20. 你最喜欢女性身上的什么品质？

——孝顺。

21. 你最伤痛的事是什么？

——辜负信任。

22. 你最看重朋友的什么特点？

——和善、真诚。

23. 你这一生中最爱的人或东西是什么？

——我女儿。

24. 你希望以什么样的方式死去？

——猝死。

25. 何时何地让你感觉最快乐？

——在教室里和孩子们"吵架"。

26. 如果你可以改变你家庭的一件事，那会是什么？

——让妈妈"贪玩"。

27. 如果你能选择的话，你希望让什么重现？

——希望我经历的第一所民办学校绵阳万博公学能够重现。

28. 你的座右铭是什么？

——第一句：尊重来自实力，而不是嚣张。第二句：人生在世不称意，明朝散发弄扁舟。

把所有慷慨激昂的说,都变成踏踏实实的做!

——孙丽玲

孙丽玲：用爱和细节表达德育

站在老师中间，她像个知心姐姐，但在遂外，老师们却称她"孙妈"。孙妈是老师们嘴里念叨最多的一个人。

孙妈不老，但工龄很长，从教已经三十年。在学校里，她是一位习惯严格要求的领导；在生活中，她是一位爱美且气质文雅的女性；在父母面前，她是一位淳朴幸福的女儿。

孙妈是东北人，率直、坦诚、豁达、敢做敢言。除了娇小身材不像北方人，其他绝对是典型的东北人特点，年过半百却依然是"愤青"一位，这是她女儿给她的评价。女儿的评价与三十多年前孙妈的一位班主任的评价竟然如此契合。那位班主任曾给她写过一个评语，这样概括她："皎皎皓月身，声声玉鸣音。借问何方女，兵家一传人。"

孙妈叫孙丽玲，遂州外国语小学校德育校长。她的故事，都与一次出走有关。

她从一开始工作就立志做个好老师，可一个"好"字说起来容易，做起来难，需要用几十年的职业生涯来诠释。

砸了自己的铁饭碗

时光切换到三十多年前。

孙丽玲一毕业就被分配到了矿区的子弟校工作。那个年代，矿区福利好，老师们都很敬业，起早贪黑、加班加点批改作业，辅导学生。在这样的环境里，作为年轻人的孙丽玲自然也是积极上进。当时，语数不分科，老师们都是包班上课，孙丽玲也一样，每天泡在教室里，从来不知道累是什么滋味。但起初，孙丽玲的工作并不顺利，尽管平时付出了很多，可是第一次考试成绩揭晓，她教的班与平行班的差距不小。孙丽玲至今记得，那一天，同事们都下班走了，她一个人在办公室伤心地哭了一场。后来，通过反复听老教师的课，孙丽玲才知道，自己只顾教得精彩，忽视了学生的聆听情况。彼时，一个班有七十多人，组织好学生的学习是一大挑战。功夫不负有心人，一学期结束后，孙丽玲后来者居上，成为教学质量上的佼佼者，她也因此被学校安排长期留守在毕业班任教。

1995年，因为一颗不安分的心，孙丽玲带着在公立学校获得的诸多光环和丰富的教学经验，告别了家乡，放弃了铁饭碗，来到安徽合肥投身民办学校。那一年她不到三十岁。

这次出走让她从此与民办教育结下了不解之缘。在合肥的学校里，她的教学业绩依然"风光无限"，一路领跑。到了2002年，孙丽玲被领导"劝"到了管理岗位。孙丽玲并不乐意做管理工作，"因为脱离了课堂，远离了朝夕相处的学生，自己一下子变得很空虚"。

2007年，孙丽玲来到了四川遂宁，在遂外一干就是十年。作为副校长，孙丽玲自我评价，"权力不大，管事不少"，班导、生活教师、校警、清洁工统统由她管理。

如今，她长期"留级"在一年级，年年分管一年级的工作，主要是带队伍和培养新人。李启书说，这是个重担子，让她每年防守在一年级这个最难的阵地上，就是想让孩子们能有一个好的开始。

已经荣升为外婆的孙妈，把这群年轻教师当成自己的孩子一样带，该说就说，该讲就讲，"有些人就是在我的狂风暴雨和唠叨中成长起来的"。如今的遂外，已经是年轻人的天下，他们在中层、教研组、年级组里发光发热，共同构成了学校发展的脊梁，成为学校的中流砥柱。

德育，就是让细节更细

通过"标号记人法"，班主任要在一周内熟悉每一个孩子。这成了遂外的一个不成文的规定。孙丽玲说，从小学一年级起，学生管理就要接地气。班级小组分布管理，班主任要一周内记住学生姓名并科学分组，科任教师记住育人小组成员，生活教师对餐桌、就寝名单牢记于心。

孙丽玲将德育工作总结为"实、真、细、美"四个字。"把你所有慷慨激昂的说，变成踏踏实实的做。"因为厌倦了假大空的德育，她要求班主任"落实点位、抓实细节"。

"你给孩子们的爱是否真诚，他们是能够感受得到的。"作为教师要用孩子的行为去拥抱孩子，用儿童的语言去感染孩子。所有的孩子都希望接触老师，并得到真诚的爱。如果师生之间的关系好了，课间孩子们会围到教师身边闲聊，会给老师捶背，亲吻老师的脸，会用自己的水杯给老师倒水喝，这就是孩子们的本真。

孙丽玲说，因为经常和一年级的孩子们黏在一起，很多时候，一坐下来就有一些孩子来亲你的脸。曾经有个小男孩比较内向，胆小，不自信，从不敢走近老师。一次，孙丽玲就走过去蹲下来问他——

"你什么时候亲老师啊？"

"这周五吧。"小男孩胆怯地应答。

"那就一言为定。"

而到了周五的时候，孙丽玲太过忙碌了，压根就没想起这件事，当想起的时候，孩子们都去乘校车准备回家了。孙丽玲觉得不能食言。于是，赶快跑去找到那个孩子，笑着问："你今天忘记了什么吧？"孩子笑着跑过来亲了一下，转身跑了。

孙丽玲发现，很多新教师常说"学生不听话"，其实是他们自身不会说话，缺乏沟通的技巧方法，欠缺说话节奏与语调的把握。在她眼里，教师爱美，是外在美；教师爱生，是心灵美；教师会说话、会沟通，是语言美，是开在舌尖上的花朵。

她将十八项德育目标阶梯化分解到各年级予以实施，呈现个性化、活动化、生活化特质：一年级，文明礼貌，感恩孝敬；二年级，勤劳节俭，诚实守信；三年级，自信自强，团结友爱；四年级，立志勤学，性格优化；五年级，爱国爱民，追求理想；六年级，责任荣誉，自我超越。每个年级的德育目标下面都有四项具体内容，每项内容都有评价要素和实施途径，教师会结合学校的德育和班级实际情况，有重点、有针对性地实施和落实。

她对自己的要求同样严格。每个月，她都会仔细翻阅、批注班主任们的《情智教育手册》。手册里满满地记载着每位班主任辛勤耕耘的足迹、每周德育主题班会及周工作要点、对个别学生的谈心教育、对周工作的反思和教育随想等。孙丽玲是要一本一本认真阅读，并作批注的。班主任们感动于她如此认真，而她则常常被这些年轻班主任的教育故事感动，"字字句句都是爱，字里行间都是情"。

在每周班主任例会召开前，孙丽玲会细致地将这些内容梳理成一张表格，有学习内容，有教育反思，有经验总结，有工作策划。表格的开头是每周主题，是对班主任的能力提升、职业素养、工作习惯等方面提出的要求和方向。然后是每周工作亮点与问题回放，本周德育班会建议的主题、工作要点，还有温馨提示与优秀班主任经验分享，最后是校长点评。孙丽玲认为，工作检查切实、细致、公平并给予认可，这才是对教师负责的表现。

生活和工作中的双重强人

谢磊是孙丽玲十九年前带的学生。在谢磊眼中，孙老师是她心中的"女神"。

谢磊当年是一个很多老师都觉得难对付的学生，连他自己都说："你们很难想象初到孙老师班级的我是个什么样子，总之没有哪个老师能降服我。打架、闹事、对抗老师是我的强项。"谢磊不知和他的孙老师"过招"多少次，但孙老师总能触及他的内心。后来，谢磊慢慢开始接纳孙老师，和孙老师的感情也与日俱增。

孙妈是一个闲不下来的人，你总能在学校的某个角落里看到她的身影。或许是在哪间办公室里和同事们话家常，问问 A 老师的孩儿，问问 B 老师的父母；或许是在哪间教室门口和孩子们牵手拥抱，嘘寒问暖，问问学习怎样，问问穿暖没有；或许是在哪个过道里仔细检查，看看张贴物的完整度，看看环境卫生的保持……

2014 年秋，孙丽玲的爱人在外地遭遇交通事故，她远在千里之外照顾爱人，但"福娃节"前夕，却心系"福娃节"的每一个细节，到深夜还在发信息做部署。年级组长吕利记下了孙妈那段时间的忙碌。一次他和孙妈通话时开玩笑说：周总理一天睡三个小时，你再加把劲儿都快和总理一样了！孙妈为了帮助丈夫重新站起来行走，付出了常人难以想象的努力。晚上忙完学校的事情回到家中，在我们早已进入梦乡的时候，她还在为家人换洗、打扫，忙完差不多就到半夜两点了。早上六点不到又要起床做早饭……很多时候，老师们在对她心生敬佩之情的同时，油然而生出心疼之意！他们一直想对孙妈说：孙校长，如果可以，希望你不要这么累！

老师们眼中的孙妈是不会有丝毫懈怠的。罗丽说，一个女人能够把家庭、事业做到这个份上，就已经不是女人，而是"女神"了！

岁月如歌,时光静好。

已到知天命之年的孙妈给自己的定位是,做好这些年轻教师背后的"家长",做他们的港湾,欣赏他们每天的业绩!"感谢这些大孩子、小孩子,他们让我在遂外这个大家庭里享受着家的温暖,让我漂泊了几十年的心在这里靠岸,在这里停留,在这里老去。"

普鲁斯特问卷·孙丽玲

1. 你认为最完美的快乐是怎样的？

——不受时间、地点、周围环境的限制，可以自由地，发自内心地表达自己愉悦的内心！

2. 你最希望拥有哪种才华？

——可以谈古论今，自由表达自己的观点。

3. 你最恐惧的是什么？

——和刁蛮无理、富有心机的人打交道。

4. 你目前的心境怎样？

——有些烦心，有些忙碌，但又有简单的幸福。

5. 还在世的人中你最钦佩的是谁？

——钦佩张仁诚先生的才学和人品。

6. 你认为自己最伟大的成就是什么？

——伟大和成就似乎都和我不沾边，硬要回答，我只能说：在育人的路上，我尽我所能帮助了我的学生。

7. 你自己的哪个特点让你最觉得痛恨？

——也谈不上痛恨，只是觉得不好，因为基因所致，我的性格比较急，易电闪雷鸣发作，但是来得快，去得也比较快。

8. 你最喜欢的旅行是哪一次？

——去的地方比较多，但目的性强，又被疲惫折磨，最喜欢的旅行还是童年的时候躺在马车上，仰望着蓝天白云，呼吸着泥土的清香，去乡下大伯家过暑假，那才叫惬意。尽管每次都要被蚊子饱餐，但依然向往。

9. 你最痛恨别人的什么特点？

——有心计，不真诚，欺骗我！

10. 你最珍惜的财产是什么？

——当繁华散尽，人已暮年，亲情、友情和尘封的爱，将是我最珍贵的财产。

11. 你最奢侈的是什么？

——能在晚上九点十点的时候躺在床上睡觉。

12. 你认为程度最浅的痛苦是什么？

——没有拯救可能、没有交往价值的人离开了我或我的团队。

13. 你认为哪种美德是被过高评估的？

——"美德"本该是一种原始的自然的反应，当这个社会欠缺这些的时候，所有的高尚和美德都被拿来大肆渲染，让人真假难辨，善恶难辨，不知道是否是为了出名而炒作。

14. 你最喜欢的职业是什么？

——日久生情，做久了，什么职业应该都会喜爱。

15. 你对自己的外表哪一点不满意？

——我觉得老爸老妈好的基因遗传给我很多，我自己还是比较满意的。如果对自己挑剔一点，那就是身材比例不理想。

16. 你最后悔的事情是什么？

——我不会为自己的经历或者所承受的什么后悔，因为我觉得都是你生命中所必须经历的，苦难也好，痛苦也罢，只能接受和面对，并坚定信心，相信风雨过后定会有彩虹！

17. 还在世的人中你最鄙视的是谁？

——没有具体的人，最鄙视的就是那些教育流氓，不做正事，不对学生负责，不研究教育，只研究怎么拿、怎么挖。

18. 你最喜欢男性身上的什么品质？

——孝敬、真诚、睿智、豁达、疼爱自己的老婆。

19. 你使用最多的单词或者词语是什么？

——简单、真诚、幸福。

20. 你最喜欢女性身上的什么品质？

——孝敬感恩、善解人意、讲究卫生。

21. 你最伤痛的事是什么？

——生离死别（撕心裂肺地送走父母的时候）。

22. 你最看重朋友的什么特点？

——彼此坦诚、心无芥蒂、真诚相助、直言不讳。

23. 你这一生中最爱的人或东西是什么？

——没有我最爱的东西，只有我最爱的人（父母、爱人和女儿）。

24. 你希望以什么样的方式死去？

——我不希望因为病痛或者伤痛慢慢地死去，无论怎么死，只要死得痛快就好。很羡慕安乐死，不给任何人添麻烦。

25. 何时何地让你感觉最快乐？

——和我这个团队的老师"疯狂"的时候我很快乐！

26. 如果你可以改变你家庭的一件事，那会是什么？

——我要重新选择居住环境。

27. 如果你能选择的话，你希望让什么重现？

——青葱岁月。

28. 你的座右铭是什么？

——把所有慷慨激昂的说，都变成踏踏实实的做。

教师最大的幸福,就是给予孩子阔步未来、拥抱幸福的能力!

——李伟

李伟：遂外课改设计师

80后，男青年，风华正茂，数学名师，小学副校长。这些关键词拼在一起，你的脑海里呈现的会是怎样的一个模样？

遂外的李伟正是这样的角色。在教师口中，校长李启书被称为"大李校"，而李伟被称作"小李校"。

"小李校"眼睛有神，笑的时候似乎总有更深刻的意思要告诉你。无论外面的世界是怎样的，李伟的世界里一直储存着明快、幽默和自足。

在遂外人心中，"小李校"是个"谜"，绝非因为他颜值出众，而是因为他思想前卫、创意十足，还有幽默、睿智、温暖、细心等优秀品质的"加成"，让人自觉不自觉地便为之倾倒。尤其是关于教研教改的那些事儿，总会让李伟的教育世界被渲染得创意无限，趣味更浓。

角色之变

李伟自称是一个简单的人，喜欢简单自然的生活。

1997年李伟师范毕业，被分到一所乡镇小学教书，在那里，一待就是十三年。"如今想来，十三年中我最大的乐趣就是上课，就是和孩子们在一起。"

教师的生活是平淡的，大多数的日子都如一杯白开水，淡而无味。

但李伟却试图把每一节课都上得精彩,他把每一节课都当成生命中最重要的一节课,与孩子们一起激情投入、一起探索、一起思考、一起成长、一起进步,给平淡的教育生活增添趣味,增加深度。

这样的生活日复一日,身边的很多同事依然重复着昨天的故事,而李伟则从同辈中脱颖而出,代表学校先后多次为省、市、县各级教研机构和师培活动上观摩课和示范课。李伟简洁高效、思维润泽的课堂给评委和听课的教师留下了深刻的印象。"听李伟的课是一种享受。"多年以后,回想起当初一位评课专家的这句话,李伟依然倍感振奋。

有一次参加市里的赛课,当地一位校长说,曾经听过李伟的课,印象深刻,这让李伟感到有些"受宠若惊"。

他一直受益于"十三年磨一剑"的沉淀与积累,但这把剑,始终是"锋刃未曾试",直到2010年的春天,李伟迎来了人生路上的第一次工作变动,加盟了遂外。彼时,正处于发展中的遂外需要一位合适的数学教研组长。

"我也不知道自己合适与否,就稀里糊涂地来了。"李伟笑着说。新的征程,让这位曾经的教学能手开始反思自己的课堂教学。过去李伟一直担任教研组长。"但那时我最重要的任务就是帮助我身边的同事提升教学艺术,上好一堂又一堂的公开课。"李伟说,"我从未去思考我所钟爱的数学课到底应该是什么样的,怎么才能让数学课程走向生活,数学课堂到底应该给孩子的未来成长带来什么样的影响……"

这番反思,为后来遂外课堂教学改革的全面铺开埋下了伏笔,也为他的职业生涯重新定位。李伟思考的结论是:作为教师,我们一定要着眼于生活,因为这是孩子们对知识产生需求的起点;还要立足于课本,因为这是孩子对知识认识探索的起点;更要跳出知识学知识,因为这才可能对孩子们的未来施加影响。李伟的思考与行动,让他逐渐从一名授课者转变为启蒙者,也让他收获了"遂外课堂改革的思考者和设计者"

的称号。

就这样李伟"稀里糊涂地走上了管理岗位",当上副校长,负责学校的课改推进。经过集思广益和反复锤炼,他和团队一起构建了遂外的三学思维课堂模式,让每节课都充满孩子们的质疑思辨和主动探究,绽放出思维的火花。

"愿我们的课堂少一些恐惧与压抑,多一些快乐与幸福,让课堂真正成为师生精神成长的诗意栖息地。"这是李伟理想中的课堂,他也正在为此而上下求索。

大号的"哆啦A梦"

世界上没有随随便便的成功。从当初的乡村教师到如今的民办学校副校长,李伟付出了太多努力,这都得益于他"要争第一""精益求精"的做事态度。

在同事眼中,李伟是一个对工作追求完美的人。"每次他参加数学组集中教研总会引领大家认真梳理每一个教学环节——提什么问题,为什么提这个问题,这个问题抛出去后学生会有怎样的反应,对于学生的预设教师该有怎样的回应,每节正课该怎么上、上到什么程度、拓展什么题型……都会一一做细致研讨。"同事彭艺说,李伟这种追求细节近乎苛刻的精神深深影响着数学组的每一位教师。有时候为了研讨一节课,数学组的教师能加班至凌晨,李伟总会一直和大家奋战到最后一刻。

如果说"敬业、专业"是李伟的名片的话,那么,谦逊同样是同事给李伟标注的标签。作为分管教学的副校长和数学学科带头人,李伟拒绝独断,从不摆架子,凡事总是与教师们坐在一起进行头脑风暴,认真倾听每一个可行或不可行,天马行空或"接地气"的想法。每当有人能对某一问题提出他没想到的解决办法时,他总是房间里最开心的那个人。

在学生眼中,李伟是一个慈爱的好老师。已经升入成都外国语学校的学生夏子涵回忆说:"六年级我们进入了紧张的复习中,每当我遇到难题时,李老师都是耐心地给我讲解;每当我想偷懒时,李老师总会在第一时间把我的小心思看得透透彻彻,然后用小零食作为奖励为我加油;每当我战胜难题时,李老师总是默默地为我开心。"

李伟还善于深入浅出地将知识巧妙地传授给学生。学生彭佳始终记得李伟给她上的第一堂数学课,没有高深的公式,她说:"他只用一个个笑话去讲述对我们来说显得陌生的数学。如今想来,那些笑话其实没有戳中我任何的笑点和兴趣,可那一堂课,却深深地镌刻在我心中。"而在此之前,彭佳在面对数学复杂的公式时总是一筹莫展。

李伟拒绝一成不变,拒绝一成不变地教书,拒绝一成不变地思考,拒绝一成不变地管理……那些套路在他面前统统消失得无影无踪。比如,每年遂外会举行相同的活动,但李伟会赋予每个活动一次次创新。每次导课,他总会有让人意想不到的提议,不仅让学生找到思维的引爆点,更让老师有种豁然开朗的感觉……

"他总是房间里言语不多的那个人,他总是鼓励你放手去做的那个人,他也是那个偶冒佳句的人……他总是房间里最值得大家期待的那个人,'小李校'就是一个大号的'哆啦A梦',会让你永远期待他会突然拿出什么金点子。"在别人眼中,李伟就是这样一个让你"脑洞大开"的人。

幸福的"集结号"

李伟是一个行动者,他不断在实践领域突破自己的教学,与此同时,通过网络把目光投向更广阔、更前沿的地带。他总是能敏锐地捕捉到最前沿的理念和资源,然后将其内化来改进学校的工作。

行动者往往是思想者。李伟的人生坐标就是在数学教学里发现职业的意义。在他看来,数学是结构(存在数量)和关系(存在变化)的描述,以及验证(结构和关系)的方法和过程。数学课堂一定不能只着眼于教数学知识,而应该引导学生去寻找关系,发现结构。正是有了对数学的全新认识,李伟着手改造数学组:一是建立数学的知识结构体系,让每一位老师对六年的思维目标和质量标准有清晰的认识;二是强化学生思维训练,渗透数学思想和方法;三是丰富数学课程,将数学文化、生活运用等引入学生学习中来,建立"常规数学、奥数思维、数学文化、生活运用"四位一体的立体化数学大课程体系,实现国家课程的校本化实施。

2017年年初,李伟应《中国教师报》之约写了一篇关于对未来课堂改革的思考的文章。文中,他主张要逐步打破学科壁垒,让课堂从封闭走向跨界整合。

从2014年开始,遂外就开始进行跨学科探索,推进项目学习。遂外的项目学习以主题学习和实践活动为支点,以国家课程中每个学科的课程目标为依据,扩展学科课程领域,试图改变学科与学科、学习与生活、学校与社会之间的割裂状态,为学生创设更加适切的学习内容、方式和环境,从而促进学生健康、快乐、自主、和谐成长。李伟说,比如在以"解密农耕中国"为主题的项目学习中,通过回顾农业历史、感受农耕古韵、探索农业科技,融入地理知识、数学测绘、诗歌朗诵等内容,打破了学科壁垒,实现了学科整合,促进了学生的可持续发展。

数学,是与生活相连、与实践同行的。从未停止探索的李伟一路越走越远,看到的风景也越来越宽广美丽。他与遂外这片土地再也分不开。

"先后有学校力邀我加盟,我都婉言拒绝了。我想,作为带团队的人,我都走了,我的团队怎么办?"李伟说。

而今的李伟是遂外家文化的倡导者,他不仅集结人、带领人,更培养人,愿意把更多的机会留给新老师和有需要的人。

这几年,李伟将遂外的课改成果传递到更远的地方。"海南、广东、江苏、内蒙古、河北、河南,祖国的南方与北疆,都留下了遂外人课改的智慧分享的足迹。"李伟说,"未来的一年我们将继续进行课改攻坚行动,让思维看得见,让学习真正发生。"

在团队成员看来,李伟拥有领军人物的远见、果断与刚毅。而在校长李启书眼中,他则有很感性的一面,多愁善感,温暖又不失细腻。许多遂外老师深深觉得,和他在一起的日子很幸福,就像大家说过的那句话一样:"'小李校'就是我们幸福的'集结号'。"

普鲁斯特问卷·李伟

1. 你认为最完美的快乐是怎样的？
——只要自己认为幸福，无憾即是完美。

2. 你最希望拥有哪种才华？
——饱读诗书，满腹经纶。

3. 你最恐惧的是什么？
——失去亲人。

4. 你目前的心境怎样？
——平静淡然，踏踏实实地过好每一天！

5. 还在世的人中你最钦佩的是谁？
——为了自己的目标和梦想而不懈努力的人。

6. 你认为自己最伟大的成就是什么？
——好像还没有什么成就，更谈不上伟大了。

7. 你自己的哪个特点让你最觉得痛恨？
——容易意气用事，考虑问题不周全。

8. 你最喜欢的旅行是哪一次？
——和父母家人小平故里行，走进广安缅怀伟人。

9. 你最痛恨别人的什么特点？
——不学无术且不愿意改变。

10. 你最珍惜的财产是什么？
——家人和朋友。

11. 你最奢侈的是什么？
——过的每一天都是认真而有品质的。

12. 你认为程度最浅的痛苦是什么？

——失眠。

13. 你认为哪种美德是被过高评估的？

——无私奉献。

14. 你最喜欢的职业是什么？

——图书管理员和支教志愿者。

15. 你对自己的外表哪一点不满意？

——外表天生的，无所谓满意不满意，内心漂亮些就行。

16. 你最后悔的事情是什么？

——陪伴女儿与家人的时间太少。

17. 还在世的人中你最鄙视的是谁？

——背叛亲情、友情的人。

18. 你最喜欢男性身上的什么品质？

——真诚，有责任感。

19. 你使用最多的单词或者词语是什么？

——没有统计过。

20. 你最喜欢女性身上的什么品质？

——温柔、贤惠、善解人意。

21. 你最伤痛的事是什么？

——没有照顾好家人。

22. 你最看重朋友的什么特点？

——简单、真诚。

23. 你这一生中最爱的人或东西是什么？

——家人和我的学生。

24. 你希望以什么样的方式死去？

——死亡的方式不以人的意志为转移，任何人都无法选择。

25. 何时何地让你感觉最快乐？

——和家人在一起是一种快乐,用心用情工作也是一种快乐!

26. 如果你可以改变你家庭的一件事,那会是什么?

——父母健康一生。

27. 如果你能选择的话,你希望让什么重现?

——时光无法倒流,世间没有假设。

28. 你的座右铭是什么?

——心中有阳光,脚下有力量。

和孩子们一起编织有故事的童年,这些故事不仅会温暖孩子们的今天,还会装点孩子们繁花似锦的未来。

——李静丽

李静丽：十年不悔遂外梦

李静丽在决然抛下公立教师身份的那刻，并没有想好未来的路。等待她的，只是一所刚刚成立的民办学校和挂在墙上的"宏伟蓝图"。这多么让人难以理解：没了"铁饭碗"，你怎能找到职业的安全感和生活的幸福感？在旁人充满质疑的声音中，她执着地做了十年遂外梦。而今的李静丽回望来时路，多少有些庆幸：如果没有当初的那份决然，如今的自己会不会离心中的理想越来越远？

她心中所梦想的，是追寻一方教育净土。尽管这份理想有些奢侈，但并不遥远，与惯常人们所说的"理想很丰满，现实很骨感"不同的是，在她选择的遂州外国语小学校这一方教育的热土上，她的"现实"也渐渐丰满起来。

"友谊帮"的大 BOSS

与大多数钟情教育的老师一样，李静丽始终对教师这份职业充满热情的原因在于，她与学生之间维系着割舍不断的情感。

她爱所有的孩子，为了与孩子们更多地接触，从初来遂外始，她就担任班主任，而这份班主任情结也一直伴随她的工作生涯。

"你知道吗？教书不当班主任，真没意思。"李静丽眼里满是真诚，也有些失落。

她的失落在于，在遂外担任六年班主任之后，因为工作需要，她开始负责学校的招生工作，成为学校的一名管理者，这使她无法再有更多的精力去管理一个班级。

但不论工作岗位如何变化，走到哪里，她的眼中全是孩子，她的心里，也是和孩子们在一起的林林总总。

"当你拿个小玩意儿，带点儿小零食，你能看到孩子们眼睛都亮起来了。你对他们好，他们也毫无保留地爱你。"李静丽觉得，这样的情景，实在是生命中最为珍贵的记忆。

教学的道路从来就不是一条坦途，墨守成规并不能适应每个孩子的成长需求。李静丽虽然从教二十年了，但面对每一个新班、每一个学龄段的孩子，她都会从班级孩子的特点和不同学龄段孩子的成长需求出发，因材施教。她曾经接手五年级的一个班，班级成绩整体不错，孩子都很聪明，但班级常规不好。充分分析学情后，李静丽决定一改往日的"严师"形象——我得让孩子们首先喜欢我！

她选择改变的切入点是讲故事。为了改变往日的"严师"形象，她悄悄地来到孩子们的宿舍，利用中午、晚上的空闲时间，给他们讲哲理、情感类小故事。为了将故事讲得流畅优美，每天晚上睡觉前，她都要一遍遍熟悉第二天要讲的内容。无疑，故事对孩子的吸引力是无穷的。李静丽的这一招，出手够"准"。

讲一讲故事，方便的时候陪孩子一起睡，一起起床，一起走进教室上课。在与孩子零距离的接触中，李静丽可以倾听到孩子的喜怒哀乐，帮助孩子解疑释惑，孩子们渐渐把李静丽当朋友一样看待。有一次，孩子们天真地问她："李老师，你和我们是一帮的吗？"李静丽一愣，立马回答："是啊，可是我们叫什么帮来着？"孩子们说："友谊帮，你就是我们的帮主，你就是我们的大 BOSS。"从此，"大 BOSS"这个称呼就满校园地传开了。

"每个叫着这个名字的孩子,脸上都洋溢着笑容。看到孩子们高兴,我也就高兴了。真的,当孩子们幸福时,我也就幸福了。"李静丽说。

李静丽从此明白,爱学生绝不是口头上说说而已,真正走进学生心灵,需要持之以恒的交往与关心。

"实话说,每当我们工作累极了想放弃时,都是'爱生如子'这份情怀在支撑着我们坚持前行。"李静丽说。她接着讲了一个小片段。有一次,班上一名学生在运动会四百米比赛中在跑道上摔倒了,她二话没有抱着孩子就去了当地一家有名的诊所。当得知这家诊所不在医保报销范围内时,李静丽脑海中冒出的第一个念头是,这里治疗不需要排队,也不需要那么多环节,这样孩子可以少受一些罪,而且这个诊所的医生医术高超,以后换药也方便,不会过多耽误孩子学习。于是,她自掏腰包一千六百多元,让孩子马上接受治疗。一千六百多元,对当时的李静丽而言并不是一个小数目。

更重要的是,李静丽愿意用自己的言行努力去做孩子成长的模板。"当我与孩子快乐生活时,孩子们自会亲师信道。"李静丽笑着说。

不拘一格教学生

十年前,不顾旁人的劝阻毅然来到了遂外,李静丽成了这里的一名语文老师。其实,李静丽的出走并非偶然——她生性不爱按部就班,有一股儿闯劲。"精明聪慧""点子多",在同事眼中,她是个爱琢磨、爱创新的人。

以语文教学为例,传统的语文教师给学生上课总有一些"套路",那些支离破碎的分析,难免会消解文章的原味。李静丽一直主张语文教学要走向生活,让孩子们感知语文的魅力。

"将语文的教与学同生活联系起来,少一些呆板的说教与程式化的讲解，适时让学生走出课堂，参与语文实践活动，让语文教学生活化，语文的教学工作将会收到事半功倍的效果。"李静丽多年后再总结语文教学经验时如是说。

早年在乡下教学时，她就大胆尝试体验式教学，将孩子们带出校外。在讲述与动物相关的课文时，她要求孩子们从家里带来小动物，一起观察。有的孩子带来了仓鼠，有的带来了小白兔，还有的带来了小金鱼、鲫鱼……这样生动的语文课，让孩子们直呼过瘾。

比如《漫游语文世界》这一课，李静丽在课前两周设计了三个实践活动——到姓名中发现语文、到标语中寻找语文、到歌曲中品鉴语文，将学生分成三个组分头完成。如，第一组的学生为了研究"到姓名中发现语文"，他们走村串户，请教农村老人，对一百多个人的姓名进行分析，发现了许多姓名背后的典故、寓意、习俗等。这些收获，显然在传统的语文课上很难获得。

遂外是一所重视教师成长的学校，教师有许多可以外出学习的机会，李静丽会好好抓住每一次机会。"窦桂梅，我听了她五次讲座，内容感觉比书上见过的更好；李玉贵，我跟着她一起备课、磨课，受益匪浅。"李静丽这几年来见过了不少语文教学领域的"大腕"，除了窦桂梅、李玉贵，还有王崧舟、孙双金、孙建锋、管建刚等一大批名家。见得多了，视野就更开阔了，不再拘泥于某一教学法，更注重培养自己坚持阅读的习惯。如今的李静丽，在语文课堂上更加行云流水，不拘一格。

当班主任，李静丽也有一套自己创新的妙招。她善于使用积极心理暗示法，鼓励孩子自信。有一年，她发觉班里有两个孩子特别不自信，于是把两个孩子找过来，对他们说："通过两周的学习，我发现你们俩是我们班里最有潜力的孩子，所以我打算好好培养你们。今天中午，我们就从练字开始，我觉得只要你们认真，你们两个一定可以把字写好。"听了李静丽的话，两个孩子来劲儿了，看着李静丽示范写字，听她讲解如何把字写得横平竖直,之后马上练习起来,十分认真。此后,李静丽隔三岔五总会找各种"美丽的谎言"激励他们,让他们相信"我能行"。

"我打算将这些故事不厌其烦地重复下去,让孩子看到自己前途光明,然后奋起。"李静丽坚信,这套鼓励法是打开孩子心灵的一扇门,那些话会在孩子心中生根。

"给我同一篇课文到十个班去上课,我就会有十个不同的教案,每一篇课文我都是自己能背诵了才去上课,所以我上课几乎不看语文书,更不会照本宣科。撇开烦琐的事情站在课堂里,那便是我最开心、最挥洒自如的时刻。"谈话间,李静丽神采飞扬。

为什么我的心里总是"甜甜的"

班主任、语文教师,是李静丽最愿意对外展示的身份,她也曾说"我不想干管理,只想当好孩子们的大 BOSS"。但因为出色的工作能力,学校将招生办主任一职给了她,让她负责学校的招生、宣传工作。

这是份并不轻松的工作。李静丽还清晰地记得,在遂外初创的那一年,没有完整的校舍,没有一点点知名度,她和同事们仅仅拿着一张学校的效果图到处去招生的尴尬。"那是一段'期货'式的招生,我们向家长兜售的只有智慧教育愿景,我们能感动家长的只有我们对教育的一片赤诚。"回忆起那段艰难的招生历程,李静丽依然充满一身干劲儿。

"每当我们看到一个合适的孩子,我们就会过去与孩子套近乎,与家长交流,让家长知道遂外,相信遂外,选择遂外。而让家长知道遂外这件事,我们必须要给家长讲解许久。我们一次次办讲座,交流,参观,再次交流,但最终的成功率也只有百分之一。"李静丽回忆说。

但正是凭着李静丽们不服输的干劲儿,凭着以生为本的教学理念和爱生如子的教学情怀,遂外征服了越来越多的家长和学生,在短短几年内迅速发展。从前的尴尬早已烟消云散,如今遂外一年年生源爆满,一席难求，需要提前一年预报名登记学位才有入读遂外的机会，遂外也成为当地教育的一张名片。

在这样的环境下，李静丽的工作又有了另一种忙。

在她写下的长达几万字的"工作日志"里，时不时能看见这样的语句："我从幼儿园宣传招生回来，来不及喝一口水就直奔教室，正气喘吁吁时，上课铃响了，还好，我终于没有给孩子落下这堂课。""晚上，我们开会至十点钟，我们找到了新的努力方向，大家都饿了，但却一脸的昂扬。""忙完所有的工作回到家时，我才发觉，刚才拿资料时被崴了的脚疼得厉害，怎么刚才忙着到教室上课时就没感觉到呢？""这两天我的肚子一直隐隐作痛，而且有越来越疼的趋势，但我一直坚持上班。下周马上就要半期测试了，我不能辜负孩子们那一双双渴求知识的双眼呀！"……

这满是辛劳的生活，只有经历过才会真正体会其中的滋味。但再忙再累，李静丽也觉得欣慰，就如她写下的这句话——

"累，好累，真累，一天没停过，不论是手，还是脚，还是头脑，我们都没停过，但只是累而已，我们的心里总有一种信念。"

什么样的信念？她和所有的遂外人都相信——

"我们一定能办成遂宁市最好的一所小学，我们的小学一定会成为中华名校。所以我们的心里总是甜甜的。"

这就是李静丽的十年遂外梦，这个梦越来越美，终生无悔。

普鲁斯特问卷·李静丽

1. 你认为最完美的快乐是怎样的？

——我认为最完美的快乐是能与孩子待在一起，伴孩子一起成长，望天空云卷云舒，看庭前花开花落。

2. 你最希望拥有哪种才华？

——我最想拥有身轻如燕的舞蹈才能，这样我可以随时快乐地舞蹈，让自己活在一种快乐的氛围里。

3. 你最恐惧的是什么？

——我最怕朋友背叛我，我是一个用真诚、真心、真爱待人的人，如果哪天朋友背叛我了，我便什么也没有了。

4. 你目前的心境怎样？

——我很淡定，淡定地做自己手里的所有事务，但也心有所向。我希望能够更单纯地做自己的教学工作，少一些管理上的事务来让我分心，因为我对孩子的爱，对教育的热忱不想被打扰。

5. 还在世的人中你最钦佩的是谁？

——最钦佩毛阿敏，经历那么多磨难，却依然风采依旧，歌声优美。

6. 你认为自己最伟大的成就是什么？

——能够远离偏见，不被"铁饭碗"束缚，找到了遂外这一方教育的净土。

7. 你自己的哪个特点让你最觉得痛恨？

——喜怒无常，不能控制好自己的情绪，容易发脾气，气头上说话伤人。

8. 你最喜欢的旅行是哪一次？

——张家界，有山有水的地方，自主地走动，边走边看，没有任何人的导引。

9. 你最痛恨别人的什么特点？

——不真诚，欺骗。

10. 你最珍惜的财产是什么？

——朋友的友谊，孩子的笑容。

11. 你最奢侈的是什么？

——不接手机，不看校内杂事，与孩子待在一起，讲故事，快乐学习。

12. 你认为程度最浅的痛苦是什么？

——利益的得失。

13. 你认为哪种美德是被过高评估的？

——默默奉献。

14. 你最喜欢的职业是什么？

——教师。

15. 你对自己的外表哪一点不满意？

——脸太方正，没有天然的笑容。

16. 你最后悔的事情是什么？

——把一切都交给朋友。虽然后悔可就是改不掉。

17. 还在世的人中你最鄙视的是谁？

——自己，总是不能改变自己的许多毛病。

18. 你最喜欢男性身上的什么品质？

——有责任，有担当。

19. 你使用最多的单词或者词语是什么？

——宁静、专注。

20. 你最喜欢女性身上的什么品质？

——大气、包容。

21. 你最伤痛的事是什么？

——朋友的背叛。

22. 你最看重朋友的什么特点？

——真诚，诚信。

23. 你这一生中最爱的人或东西是什么？

——我最爱我的儿子，培养儿子的过程就是再造一个比自己完美数倍的人的过程。

24. 你希望以什么样的方式死去？

——坐化或者像我父母一样因疾病突然离世，不给世间带来任何的纷扰与麻烦，至于会不会留给后人痛苦与遗憾，这就要看后人的修为了。

25. 何时何地让你感觉最快乐？

——与孩子待在一起的时间让我感受到快乐。

26. 如果你可以改变你家庭的一件事，那会是什么？

——再努力工作二十年，给孩子一些必要的发展基金，给家人一个安静的别墅。

27. 如果你能选择的话，你希望让什么重现？

——父母没有患疾病，依然活在我身边，这将是我更加努力工作、更加幸福生活的动力。

28. 你的座右铭是什么？

——只要你知道你要去哪里，全世界都会为你让路的。只是繁杂的管理工作与人到中年的困顿让我有时不知道我要去哪里。

和学生一起做学习的发现者、探究者和实践者。

——罗丽

罗丽：从"孩子王"到"改革者"

接手遂外课程处主任一职时，班主任、语文教师罗丽着实有些为难。

原本这是人人眼中的"升职"，是好事，但在罗丽看来，"女强人"似乎并非她想要的标签。"做一个老师，认认真真教书，做个快乐的孩子王，不就够了吗？"罗丽这样反问自己。她生于相对富足的家庭，原本不需要更多努力便能过上不错的日子，向来保守的家人也认为，女人嘛，平平淡淡就好，为什么要让自己那么累？

为什么？尽管没有答案，但最终罗丽还是说服自己，接受了这个挑战。也正是因为这一次转变，今天的罗丽，除了是大伙心中"孩子王"，还多了"改革先锋"的形象，俨然是一个刚柔并济的"女汉子"。多年后，罗丽情不自禁地写下了这样一句话："正是许多这样的第一次尝试，成就了我。"

重新发现自己

罗丽原本并不属于遂外，出任课程处主任也并非她的第一次挑战自我。

九年前，她在绵阳一所公立学校任教，有着温饱不愁的工作，过着波澜不惊的生活，这差不多是罗丽心中的简单而幸福的日子。但一次突如其来的灾难，让她开始重新认识自己，重新认识生活。

2008年5月12日，罗丽亲历了那场令世界震惊的汶川大地震。地动山摇之际，她疯了似的冲下楼去找同在一所学校上一年级的女儿，幸运的是，老师带着孩子们跑到了操场上，女儿赫然就在其中。回首再看，教学楼已塌了一半。

"我当时就想，一家人要永远在一起。"这场惊险的大难之后，罗丽决定，与在遂宁工作的丈夫团聚，一家人不再两地分居。

正好赶上遂外招聘教师，罗丽抱着试试的心态来到学校应聘，没想到顺利通过。如今在她看来，那是她"毅然决然地迈开"的"自己人生的重要一步"。她给自己定了三个目标：重新学习，重新深造，重新找回自己！

作为一所新锐学校，遂外与公立学校不同——它永远主动求变，不敢有丝毫懈怠。这里的班主任工作需要付出持之以恒的细心和耐心，罗丽却有些大大咧咧；这里在进行理念超前的课堂教学改革，罗丽当时也看不太明白。

一切都要重新开始。尽管挑战不小，但罗丽觉得，"日子不能得过且过，刚刚进入而立之年的自己，怎能让教育的梦想提前进入冬眠期呢"？所幸，到遂外近十年来，罗丽渐渐发现了另一个自己——那个属于遂外的自己。

"她像一面旗帜"

不论身处何种岗位，教育者最根本的工作，还是走近学生、关爱学生、成就学生。

这一点，罗丽深有感触。作为班主任，罗丽与她的学生之间发生了太多的故事，在她的心里，不放弃每一个学生是她的"底线"。"我希望我的孩子勇敢、坚强、乐观而自信，在他们与我相处的人生道路上，我必须将这些人格追求根植于他们心间，让这些品质变成他们做人、做事的基本准则。"罗丽说。

学生小五（化名）是班上有名的"小刺猬"，他在幼儿园里就喜欢打架闹事，吃饭的时候只吃肉不吃青菜，还撒得满地都是饭粒儿，该睡觉的时候吵吵闹闹不肯好好睡……就是这样一个令人头疼的孩子，被分到了罗丽的班上。

罗丽相信，只要找到问题儿童背后的症结，老师都是有办法给予帮助的。她轻轻地跟小五说，你呢，是一只刺猬，可是呀，是一只可爱的刺猬，我们要想办法把你的刺拔掉，不然会伤到身边最爱你的人。小五似懂非懂。罗丽又告诉他，拔刺会有点疼，可是我会帮你的。看着罗丽充满关爱的眼神，小五点了点头。

在接下来的日子里，罗丽从最简单的习惯养成入手，让小五学着自己整理、摆放书桌上物品，一周不行就两周，一直到小五上二年级、三年级……罗丽始终做那个陪在他身边的帮手，从生活与学习中的点点滴滴入手，帮着他慢慢成长。如今的小五，懂得礼貌谦让，也爱上了读书，与当初的那个"小刺猬"迥然不同。

"没有罗老师，就没有现在的我。"小五说。

与罗丽有着这种割舍不断的情感的学生不在少数。学生小桐，一年级下学期被父母"扔"到学校，无人看管。孩子无家可回，罗丽便每天带着她一起回自己的家，给她洗脚，让她睡女儿的床，一个星期后，似乎很久没有感受到如此温暖的小桐，亲切地叫了她一声"罗妈"。

这份用真心交换来的情感让小桐刻骨铭心。三年级时，父母要离婚，伤心欲绝的小桐第一个打电话向罗丽哭诉：怎么办？罗丽赶紧与小桐父母联系，告诉他们，父母的选择不能伤害孩子。在罗丽苦口婆心的劝说之后，周末，两口子带着小桐一起去玩。终于，第二周上课时，小桐脸上露出了久违的笑容。后来，当小桐母亲希望将她转学至重庆时，小桐找到罗丽说，我舍不得你，我到了一个陌生的地方，不知道该怎么办才好。看着孩子眼中的泪珠，罗丽也情难自已。

"爱孩子！发自内心地去爱孩子！就像爱自己的孩子、兄弟姐妹一样去爱他们！家长把他最心爱、最珍贵的孩子交到我们手上，想想这些母亲是多么的不舍啊；小小年纪，就要在这样的学校里独自面对生活，想想这些孩子又是多么的不易啊！我们成了孩子在学校唯一的依靠！这种被依靠不仅是一种责任，更是一种爱的传递！让孩子爱上我们，前提是我们必须先爱上他们！"罗丽后来在一份总结中这样写道。

对别人家的孩子，她付出所有；对自己的女儿，她却心中有愧。同事讲了这样一个细节：有一天早上，突然下起了大雨，许多孩子在回教学区的时候都淋成了落汤鸡。罗丽害怕孩子们会感冒，就赶紧找来毛巾，站在教室门口，一边挨个儿给孩子们擦干头发，一边联系生活老师给孩子们换衣服、换鞋子，又叮嘱孩子们喝姜汤。可是当她女儿穿着打湿的鞋，顶着湿漉漉的头发从她面前走过时，她只看了一眼，没来得及问候一句，就忙着帮班里的孩子换衣服去了。得知情况的老公气坏了，质问她："谁才是你自己的孩子，谁是你身上掉下来的肉？"罗丽只是默默地听着，她心中实有对女儿无限的愧疚之感，可是，一到学校，她又忘了家人的责备，眼里和心里更多是班里的孩子。

也正是因为她毫无保留地付出，她带的班级多次荣获省、市先进班集体等光荣称号，罗丽还被评为全国优秀班主任。

"她像一面高高飘扬的旗帜，引领着遂外的老师们幸福地行走在教育的路上。"有人用这样的句子来形容罗丽，罗丽笑称自己"愧不敢当"，因为，每一个遂外人都在如此做。

改革者罗丽

你认为自己最伟大的成就是什么？

在这个问题上，罗丽的答案是：居然能把一群什么都不懂的一年级小朋友教到六年级，而且效果看起来还不错，为自己的第一次大胆尝试感到无比满意。

罗丽所说的大胆尝试，指的是自己成功地从一名传统教师转型为课改教师。早些年，罗丽是舌灿莲花的优秀语文教师，但新课改后，她却乐意做那个在旁边鼓掌的人。而今她还执掌学校课程部，承担着教科研的重要任务。

但人总是需要向更远处看一看的。罗丽正是看到了教育的另一种风景，才义无反顾地投身课改，一路探索，一路学习。从最初的学科模式教学到"三环四步一论坛"，再到而今的"三学一论坛"智慧课堂教学模式，对罗丽和她的同伴而言，是一段不平凡的路。

罗丽始终将目光瞄准最前沿的课改理念，让自己不落后于这个时代。"三环四步一论坛""三学一论坛""海量阅读""群文阅读""幸福语文"……有时为了研究一种课堂模式，自己会挑灯夜战到凌晨；有时为了给年轻教师导课，会反复推敲导入语，反复斟酌课堂评价语，甚至亲自示范给年轻老师看。初到学校的语文老师，没有任何教学经验，当他们处于茫然和苦恼的时候，罗丽总会雪中送炭，把她所有的教学经验跟他们分享：怎样研读教材、设计导学案、设计板书，课堂上讲课时的肢体语言、语速语调、和学生的交流的姿势等等这样细小的事，她都详细地讲解和示范。只要有人来找她导课，她都力争做到尽善尽美；当发现有的老师课堂中某个环节有些瑕疵，她都会和那位老师反复探究讨论，寻求最好的教学方法。

一路教研，一路改革，2012年4月，罗丽指导青年教师参加遂宁市赛课获得全市第二名的好成绩。2013年，"海量识字"课全面开花，她指导的"海量识字"课获得遂宁市河东新区红烛杯赛课一等奖。2014年，她有机地将"三学""海量"融合，创建出属于遂外自己的"幸福语文"模式……

成功从"临帖者"变为"入帖者",继而成为"破帖者",罗丽在这场攻坚战中无疑是一支中坚力量。她已经不再是那个信奉"女人就该过好小日子"的她了。

"我不仅是一个亲历者,更是一个改革者,在遂外的这场语文革命里,自己的羽翼变得更加丰满,自己的理想变得更加真实。"罗丽说,"这条道上自己走得很累,但很踏实。一切努力都是为了心中的那个梦想——让自己的教育之花开得更美丽!"

普鲁斯特问卷·罗丽

1. 你认为最完美的快乐是怎样的？

——至今还未体验过，所以也没有任何经验可谈。

2. 你最希望拥有哪种才华？

——对学生敏锐的洞察力和深入浅出的表达方式。

3. 你最恐惧的是什么？

——学生在作文中对自己的描述。

4. 你目前的心境怎样？

——守望教育，静待花开。

5. 还在世的人中你最钦佩的是谁？

——于永正老师。（著名小学语文教育专家，于2017年12月8日因病去世）

6. 你认为自己最伟大的成就是什么？

——居然能把一群什么都不懂的一年级小朋友教到六年级，而且效果看起来还不错，为自己的第一次大胆尝试感到无比满意。

7. 你自己的哪个特点让你最觉得痛恨？

——太急躁，没有耐心，尤其是对自己的女儿。

8. 你最喜欢的旅行是哪一次？

——避开旅游高峰期出行，可至今为止，从未遇上过！估计要等退休之后了。

9. 你最痛恨别人的什么特点？

——不坦诚，背后耍手段。

10. 你最珍惜的财产是什么？

——和家人在一起的日子。

11. 你最奢侈的是什么？

——一个人在家，开亮所有的灯以缓解自己内心的恐惧。

12. 你认为程度最浅的痛苦是什么？

——生病带来的痛苦。

13. 你认为哪种美德是被过高评估的？

——宽容与大度。

14. 你最喜欢的职业是什么？

——做一个"孩子王"。

15. 你对自己的外表哪一点不满意？

——身材。

16. 你最后悔的事情是什么？

——女儿小学毕业时对她的一次责骂。

17. 还在世的人中你最鄙视的是谁？

——斤斤计较的男人。

18. 你最喜欢男性身上的什么品质？

——幽默，有责任感。

19. 你使用最多的单词或者词语是什么？

——please。

20. 你最喜欢女性身上的什么品质？

——善良，乐观，善解人意。

21. 你最伤痛的事是什么？

——亲人的离世。

22. 你最看重朋友的什么特点？

——真诚。

23. 你这一生中最爱的人或东西是什么？

——时间，人到中年，越发觉得这时间不够用了。

24. 你希望以什么样的方式死去?

——死如秋叶般静美。

25. 何时何地让你感觉最快乐?

——女儿的懂事,学生的成长。

26. 如果你可以改变你家庭的一件事,那会是什么?

——希望家里的兄弟姐妹多一些。

27. 如果你能选择的话,你希望让什么重现?

——马良的神笔。

28. 你的座右铭是什么?

——简单的幸福。

帮助别人就是帮助自己,多做事情就是多占"便宜"。

——徐红

徐红：遂外的"百事通"

在遂外，校长助理徐红绝对是一个"神奇"的存在。他修得了锅炉，玩得了高科技，上得了讲台，做得了厨子……

大概遂外的老师都知道一件事：不论在生活中还是工作中，只要你有搞不定的事儿，那就拨打徐红的电话吧！

请放心，那个叫徐红的机主 24 小时开机，他会第一时间接听你的电话，然后帮你搞定——这绝非虚夸，"多面手"徐红似乎精通各项奇门杂技，一般的情况他都能应付自如——如果他实在没有办法，他的手机里还存着 2000 多个各行各业朋友的电话号码，总有帮得上你的人。

"比 110 都管用！"遂外的老师们说起他，总免不了露出赞叹的表情。

"不懂，那就想办法学"

校长助理其实不只管校长的事。

在遂外，徐红被叫得更响的一个称呼是"大管家"，他统管学校的后勤事务和行政工作，包括财务、医务、车队、绿化、水电、设备、小卖部以及学校对外联系，等等，可谓面面俱到。五花八门的任务，最后都得归到他这儿。大管家也不只是"管事"，由于后勤部门人员不足，更多时候他都得亲自上阵去干活，于是就这样习得了各种技艺。

2012年，学校生源突增，开始启动二期工程。面对紧张的工期，面对几十种陌生的手续，徐红天天跑相关部门，从不懂到懂，再到全力落实，整整一个暑假都在落实手续的路上奔忙，保证了学校二期工程的顺利开工。

每周，徐红都得在校园里全面巡查一两次，七栋大楼，不放过任何一个角落：是否有安全隐患，是否有东西没有归位，是否有设备需要检修……不完完整整地转一遍，他根本放不下心来。

踏实、肯干、负责，这是他给人的第一印象。不过，徐红的另一面给人印象尤深：机灵、能干。怎么用最少的钱，干出最好最多的活？身为管家，徐红每天都得琢磨这件事。

"得不断接受新事物，不断学习，得了解行情。"徐红说，比如采购设备，你若不懂行就可能被忽悠，你若不懂如何操作，就可能会浪费不少时间和金钱成本。

学校里的大锅炉是多年前建好的，位于食堂的楼顶，学校供应热水的设备就装在那儿。有一次，校园里的一处管道破裂，等徐红等人发现后着急忙慌地跑上楼顶去关掉闸门，水已经流了十多分钟。这场抢修战中，人人累得要命，水也浪费了不少。还有一个冬天，由于停电，锅炉要重新启动，得安排人上楼顶去手动控制阀门，既不安全，也不方便。

徐红拿着锅炉说明书便开始琢磨，开关能不能实现自动化控制？如果能将设备联网，在手机上就能控制开关，岂不能省不少事？

为了搞清楚锅炉设备工作原理，他一遍又一遍地给锅炉厂家售后部门打电话，交流沟通。电话里很难说清如何接线等具体操作，他就主动加了售后人员的微信，给人家拍了照片发过去，一步步弄明白。冬天的顶楼寒风凛冽，呵气成霜，徐红硬是花了两三天时间在那儿摸清了门道，最终接上了自动化控制系统，只要在手机上操作，就能实现定时开关水。

"不懂，就想办法研究它。这样事到临头，不至于茫然不知所措。"

徐红说。

徐红还把研究的触角伸到了学校的各个地方。用于夜间照明的大灯，有时候通宵亮着，实在浪费，他就开始研究能不能自动化控制大灯；厕所里不管有人没人都在一直冲水，他就开始研究能不能设定分时段冲水，节省水资源；大门口的监控录像，不便随时察看，他就研究能不能在手机上实时观看……

他有空就开始上网查询，不懂就打电话问，几番折腾，这些问题全部得到解决。他也为学校省下了一大笔支出。

有一次，一个来学校修LED大屏幕的维修工就一半玩笑一半认真地埋怨徐红：你这么干，我们都没法挣钱了。

徐红笑了笑，并不作答。一心将工作做到最好，他觉得这是作为遂外人应尽的本分。

"多做事情就是多占便宜。"这是徐红常挂在嘴边的一句话。

在遂外十年，他几乎走遍了学校所有的工作岗位，无论大事小情，他只遵循一个原则：多干活，事事想在前面，做精做实。徐红还记得，十年前，刚到遂外时，四周都是农田，交通就只靠一条公交车线路，而且站点离学校还有一段距离，想路上吃饭都找不到地方，但就是凭着对事业的热情，这一切都不是问题了。他从最初的计算机教学、多媒体维护、网络技术，再到后勤管理，一步一个脚印，在不断地总结与思考中，一步步踏踏实实走了过来。

"帮助别人就是帮助自己"

业务上是一把好手，生活中更是同事们的亲密伙伴，徐红始终把遂外和遂外人装在心里，绝对算得上遂外以校为家的典型代表。

徐红养成了一个习惯，只要工作上有过接触的人，都要留下手机号码——不是为了别的，他只想着，说不定在某个必要的时候能服务遂外这个大家庭的亲人们。

几年前，学校某领导的配偶在外地出了车祸，领导一个电话打给他：能不能找到人帮帮忙？徐红一问，车祸地点远在千里之外的郑州，他蓦地想起：学校的校车不就是在郑州一家公司买的吗？于是赶紧打开手机，翻到那家公司经理的号码，一个电话打过去：能不能接应一下？经理对之前与徐红的合作很满意，二话不说，亲自了解情况，联系医院，第一时间安排了司机接机。这让那位校领导心中的石头落了地。

"急人之难，想人所想。"一位同事这样评价徐红。

不只是工作上的事，在遂外，举凡买房子、买保险、处理交通事故、办婚礼等各种生活中的事情，都可以找徐红帮忙处理。

学校一位四十多岁的教师，一直梦想着在学校操场上举办一场草坪婚礼，学校管理者也都希望能满足他的心愿。定下结婚日子时，已近年关。大年初一，徐红接到了校长打来的电话，希望他能安排妥当，徐红二话不说，一口答应。大年初三，徐红就开始落实各种细节与方案，为该老师联系性价比最高的婚庆公司，为亲戚朋友联系性价比最高的酒店，学校安排校车接送，准备食堂的工作……最终，那位老师收获了一场幸福满满的婚礼。在遂外，把自己的婚姻大事"交给"徐红去处理的还真不在少数，而徐红也是有求必应，从不敷衍。

"不和领导讨价还价，任何时候都不和直接上级讨价还价，只要是属于工作范围的内容，处于时间、精力、能力许可范围内的，他一定会优质完成，而不是根据个人好恶去挑三拣四。"同事吴宏这样评价他，"反过来，站在领导的角度考虑，如果团队中有这么几个可靠的成员，任何时刻都可以顶替任何位置，甚至去当救火队员，实在是值得庆幸的一件事情。"

"帮助别人，就是帮助自己。"徐红将这句话视为座右铭，真正做到了与人为善，与己为善。

徐红唯独对自己"很苛刻"。

就拿婚礼来说，为了别人家的婚礼他操碎了心，可他自己的婚礼却草草了事。周六结婚，周五还在忙着学校的招生工作。甚至，他还记挂着周六有一场考试，想去考完了再回来参加婚礼。

"那一天都是晕的，感觉只是完成了任务。"而今徐红心里对妻子仍有愧疚，但妻子知道他的脾气，理解他对学校、对工作的热情与付出，也不以为意。

十年来与遂外同行，徐红经历许多风风雨雨。"只要学校哪里需要我，我就会出现在哪里。"他说。每年至少一个月的暑假，却正是学校检修、装修的时期，别人都去休闲了，徐红却驻守在学校，有时候比没放假时还要忙。

每到夏天，一遇到晚上打雷下雨，徐红便翻来覆去睡不着，心里满是事：学校的电气设备该关闭的都关闭了吗？顶楼的下水管道工作顺畅吗？有时候实在不放心，便半夜打电话给校警，请他们多多关注，一旦有情况，他会立马亲自赶到学校处理。

自遂外确立"智慧教育"这一理念以来，教师将自己的工作定位于"服务"，学校管理中除打造优秀的教师团队外，在徐红的主导下，后勤服务中心更是精雕出生活服务、膳食服务、车队服务、医疗服务、安全服务、综合服务六大服务小组。

"后勤服务是一个细致活，需要我多巡查、多思考，注意细节，及时处理，高效完成。"徐红说，"想当好一位'大管家'真的很不容易。"

普鲁斯特问卷·徐红

1. 你认为最完美的快乐是怎样的？

——健康、物质财富过得去，有精神追求和人生向往。

2. 你最希望拥有哪种才华？

——能说会道，具有艺术修养和才能。

3. 你最恐惧的是什么？

——亲人的离去。

4. 你目前的心境怎样？

——健康才是人生最重要的。

5. 还在世的人中你最钦佩的是谁？

——马云，因为他的布局与团队的打造。还有我身边的人：启书校长的包容与接地气的做事方法，孙妈的严谨和精益求精，李伟校长的聪明、智慧，罗丽主任的担当与责任感，李剑老师的博学与善思。

6. 你认为自己最伟大的成就是什么？

——目前还没有。

7. 你自己的哪个特点让你最觉得痛恨？

——有"老好人"思想，总为别人考虑过多。

8. 你最喜欢的旅行是哪一次？

——云南之行。

9. 你最痛恨别人的什么特点？

——欺骗，不感恩。

10. 你最珍惜的财产是什么？

——自己的成长经历与经验积累。

11. 你最奢侈的是什么？

——时光倒流，健康永远。

12. 你认为程度最浅的痛苦是什么？

——一点小事就生气。

13. 你认为哪种美德是被过高评估的？

——好脾气。

14. 你最喜欢的职业是什么？

——教师。

15. 你对自己的外表哪一点不满意？

——身高、体重。

16. 你最后悔的事情是什么？

——没有帮助家人管理好健康，没有提前购买保险的意识。

17. 还在世的人中你最鄙视的是谁？

——目前没有，因为总会为对方考虑一些。

18. 你最喜欢男性身上的什么品质？

——大气、正气、霸气。

19. 你使用最多的单词或者词语是什么？

——数字思维：第一、第二、第三。

20. 你最喜欢女性身上的什么品质？

——贤良淑德。

21. 你最伤痛的事是什么？

——妈妈和老婆身体不好。

22. 你最看重朋友的什么特点？

——真诚，困难时主动给予帮助。

23. 你这一生中最爱的人或东西是什么？

——我的家人。

24. 你希望以什么样的方式死去？

——突然发病,一下就死去那种。

25. 何时何地让你感觉最快乐?

——2016年国庆节江油带女儿开碰碰车。

26. 如果你可以改变你家庭的一件事,那会是什么?

——家人们都健康。

27. 如果你能选择的话,你希望让什么重现?

——目前没有想过,因为无法重现。

28. 你的座右铭是什么?

——帮助别人就是帮助自己。

只有不断地丰满自己,才能更好地成就孩子。

——钟恒

钟恒：像向日葵一样生长

　　她是为遂外带回了第一座全国比赛奖杯的人；她是遂外第一个使用双语教学的形体教师；她是遂外课改的先行者，率先构建出综合组"智慧课堂"教学模式的人；她的学生无论是语言表达能力还是动手动脑操作能力都高出同龄人……

　　她是钟恒。遂外元老，党支部书记，也是综合组的领头人，她将综合组从"老大难"打造成了遂外教师军团名副其实的一张王牌。

　　钟恒通常都挂着一脸的灿烂。她说她喜欢向日葵，因为向日葵一生都在追寻着太阳，她一直想做这样的人，她要带着自己的宝贝像向日葵一样，朝着阳光生长。在钟恒眼中，向日葵之所以能每天对着太阳微笑，是因为有肥沃的土地滋养着它，而她能像向日葵一样，是因为她始终和战友们站在一起挑战风雨。

　　钟恒有着过硬的专业素养，每次带领学生外出比赛，总能摘得第一的桂冠。用孙妈的话说，"她已经让得第一成为一种习惯"。在遂外辛勤耕耘了十年，钟恒收获了许多"鲜花"和"掌声"——优秀教师、遂外名师、功勋教师、特殊贡献奖、感动遂外十大新闻人物、河东新区优秀共产党员、全国优秀教练员……

　　"都说越努力越幸运，我想一直这样幸运下去。"钟恒说。

"我想做自己喜欢的事"

到民办学校工作也许是偶然中的必然。

学体育舞蹈的钟恒,大学毕业时,在职业选择上陷入了两难。如果进入当地的公办学校只能放弃本专业,最多选择相近专业当个体育老师,因为很少有县城以下的公办学校开设形体课。当时有不少同学考进公办学校,要么做了语文老师,要么做了数学老师,竟然没有一个从事本专业。

钟恒是个例外,她选择了到民办学校,在遂外她成了一名她心向往之的艺体老师。

"我想做自己喜欢的事。"这是钟恒挥之不去的一个信念。

作为一名艺体老师,钟恒知道,过硬的专业素养是教育教学的基础,所以从教十年来从来没有放松过自己的专业训练,每年假期她都奔走于各种培训中。今天,你在她的形体课上会看到舞蹈课程样样俱全:拉丁舞、街舞、啦啦操、健美操、民族舞、爵士等等。这都是她近年来在工作中不断学习的结果。

过硬的专业素养和有效的训练方法让她十年里辅导学生在各级各类比赛中屡屡摘金夺银。孙妈对她的获奖次数如数家珍。她带的学生先后获省级第一名32次,全国第一名5次,她多次被评为"全国优秀教练员"等称号。

钟恒自喻是一株向日葵,用光和热引领着身边人。多年的努力,让钟恒成了大家心中的榜样,她的一举一动都会有人关注和学习。慢慢地,钟恒意识到对于这个团队而言,一个人的成长是远远不够的,只有大家都优秀了,这个团队才可能真正优秀。于是,她工作中手把手教组里老师怎样排团体操,帮助新老师设计课、导课、评课;生活上关心年轻教师,做大家的"知心姐姐"。她用行动诠释着刻苦、奉献、踏实、传承,继而感染了综合组的每一个人。"综合组"也因此在遂外成了一个最阳光的团队。

2016年暑假,在大家都计划用一次旅行来犒赏半年来的辛苦之时,钟恒却走进了北京舞蹈学院的校门,在那里一待就是一个暑假。

三十多岁的她,白天跟那些年轻小姑娘一起进行高强度的训练,晚上独自在酒店的房间里进行舞蹈和队形创编。在那些日子里,脚底被磨出了大大小小的水泡,她忍着;体能透支、疲惫不堪,她扛着;思念因为平时工作忙无法陪伴,一直在盼着自己放假的女儿,她愧疚着!但钟恒认定了在她看来最紧迫且重要的事情。"专业的发展是刻不容缓的,如果自己多学一点,多见识一些,回到学校后就会有更多的东西去传递给综合组的姐妹,让她们少走弯路。"

这些年来,遂外的领导和同事看到,综合组教师的专业发展突飞猛进——体育学科的跳绳,音乐学科的乐器、和声,美术学科的陶艺、国画,特色学科的计算机操作等等。这些变化不是偶然的。

和"成哥"的故事

作为艺体老师,钟恒一直有一个梦想。她想有一个属于自己的班级、自己的学生。她说,自己经常做梦都在想这件事。这个梦想在2014年9月终于如愿以偿。学校从几百名一年级新生中挑选了42个孩子组建了遂外的第一个形体班——一年级十班。

"成哥"就是这个班的一员,由于协调性不太好,第一天上完课钟恒就记下了这个外表憨厚老实的孩子。

2016年9月,遂外32名孩子作为全民健身操舞四川赛区的第一名,代表四川来到了美丽的海滨城市青岛,参加为期一周的全国比赛。到了宾馆安排住宿的时候,钟恒特意安排高年级和低年级学生混住,成哥和一个二年级的小弟弟分在一个房间。由于一路上舟车劳顿,到了宾馆钟恒做了简短的提示后，就安排孩子们洗漱午休。

关于午休，钟恒提了几点要求：

1. 整理自己的行李，把明天要比赛的服装道具拿出来；
2. 同屋的哥哥或姐姐帮助弟弟妹妹整理行李；
3. 洗脚（因为穿的都是运动鞋）后再上床睡觉。

一刻钟后钟恒开始逐个房间巡视，当检查到戍哥所住的房间时，发现地上全是衣服和鞋子，卫生间里也没有用过水的痕迹，钟恒有点惊讶，就轻轻拍了拍他："戍哥，你怎么没按要求整理自己的行李呢？你洗脚没有？"面对提问，戍哥躺在床上一动不动，甚是懒散地看着她："我——不会！""来，我教你！"于是，一个中午两个人就在叠衣服和整理衣物中度过了。

第二天钟恒便格外关注戍哥和他的室友。当再次看见两个孩子床前的鞋子时，钟恒发现了问题：二年级的小弟弟确实是按照要求洗脚整理衣物了，卫生间的水迹是他洗澡后留下的，因为他的床前放的是酒店的拖鞋，而戍哥的床前放的依然是运动鞋。

于是，钟恒和戍哥又开始了一番较量，最后戍哥保证：一定学会照顾自己，一定改掉自己懒惰的坏习惯。这一天在钟恒和戍哥的数次"较量"中结束了，钟恒有了更多的反思：我带了两年的孩子怎么会是这样呢？

引起钟恒更多关注的是，接下来的几天里，戍哥的更多问题一一暴露出来，比如：吃水果总要拿大的，不懂得分享；骨子里透出懒惰，生活小事不能自理；本是让孩子们带回家给爸爸妈妈的特产，他在酒店自己就享用了；老师为他做的一切在他看来好像都是理所当然的，不懂得感恩。

"我发现自己真的对孩子不够了解。"钟恒说。在离开青岛的那天晚上，钟恒拨通了戍哥妈妈的电话。这个电话解开了孩子这些行为背后的原因：戚哥是家里的老二，父母都是生意人，家境殷实，哥哥在国外留学。由于父母常年做生意，他从小由保姆一手带大，在家从来没有做过任何家务，平时洗脸都是保姆倒好水把毛巾弄好了递给他，连刷牙的牙膏都是保姆准备好的，可以说，他是个地地道道的"公子哥"。

电话里，钟恒与戚哥妈妈沟通了孩子这几天的情况，没想到戚哥妈妈竟然在电话里抽泣起来，戚哥妈妈对孩子的这种情况束手无策，于是求助于钟恒。

为了改变孩子的现状，钟恒和戚哥妈妈商讨出了一系列措施：1. 辞退家里的保姆，孩子每周回家后，妈妈带着孩子做一些力所能及的家务，并跟学校生活老师沟通好，不再帮他做任何事情，让他自己动手；2. 孩子周末回家完成家庭作业后，让他跟着爸爸妈妈做生意，跟爸爸一起去进货，帮妈妈收钱等。

从青岛回来后的一个月，钟恒每周都能收到戚哥妈妈发来的小视频和照片，记录孩子帮妈妈做生意、洗衣服、洗碗；课余时间，钟恒也经常和戚哥交流。慢慢地，孩子变了：在楼道里看见老师他会主动打招呼，课桌前的书本总是整理得很整齐，课间餐时他会主动站到最后拿最小的水果……

最让钟恒感动的是有一天课间，钟恒被邻班的一个疯跑的小男生给撞了肚子，由于当时撞击得比较严重，钟恒在拉住孩子的同时也蹲了下去。而后她简单地教育了疯跑的孩子就准备让他离开了，就在这时，看到这一幕的戚哥从教室出来，先是问老师有没有事，然后把撞人的孩子拉到一旁：你知道在楼道上疯跑是不对的吗？你把钟老师撞着了怎么不说声对不起……看着戚哥眼里的关怀，听着他教育同学的话语，钟恒的眼睛湿润了……

钟恒与戚哥的故事后来在遂外被传为佳话。

做别人旅途中的风景

有人说，被人欣赏，特别是被同事欣赏是一种幸福，是一种被点燃的信任。钟恒就属于被同事们羡慕、欣赏加信赖的类型。

魏晓方称钟恒为钟姐，她将她的钟姐誉为"我旅途中最美的风景"！"可以说没有她就没有今天的我，她帮我就像是姐姐帮着妹妹。"魏晓方说。

据说，魏晓方来遂外第一次上公开课时，钟恒比魏晓芳还紧张。为了帮她打磨课，钟恒费了不少心，出了不少主意，甚至每一句话怎么说更合适都悉心斟酌。很多次魏晓芳像个小孩似的无助地流泪，而钟恒总是悄无声息地走到她身边，陪她一起走过困境。"也许用语言无法概括我当时的心情，可那时的我真的觉得钟姐就是上天派来的天使，让我在无力时汲取力量。"魏晓芳说。

同事刁春林最佩服钟恒的领导力。刁春林跟钟恒一起见证过最初综合组一盘散沙的日子。彼时，一群充满个性的年轻人，谁也说服不了谁，时时的争吵和人人内心的不服气，让综合组的工作举步维艰。然而，钟恒的坚定、细腻、包容和关怀，把大家聚拢在一起，让大家从心里认同"我们是一家人"，需要共同努力去把综合组的招牌擦拭得熠熠生辉！

钟恒的确是一个有心人，她把综合组的同事召集起来为组内过生日的伙伴庆生；她的办公室成了同事们倾诉委屈、困惑的心理治疗室；年轻人要成长、没有途径，她上下奔走，到处联系把一个又一个弟弟妹妹送出去历练；团体操排不动了，她挽着袖子在操场上进行指导，各个年级轮流上场，而她一站就是整整一天；大大小小的赛课，从课堂设计到听课、评课，她从未放弃过组内成员中的任何一个；遇到心理素质不强的老师，她白天忙碌完以后，晚上把这位老师叫到办公室来进行耐心地疏导，经常一聊就到深夜。

学生眼中的钟恒则是另一面。学生陈贝儿用"温和与严厉的两极"来形容她的钟老师:"钟老师对我们温和又威严,对不同的事情她会给我们不同的态度,让我们成长为既受得住打击,又听得了赞誉,既不会气馁,也不会得意的人。"

如果说综合组是遂外的一张名片,那么,钟恒则是综合组的一张名片。当不少家长奔着钟恒这张名片给孩子选择遂外的时候,钟恒心里的向日葵更灿烂了。

> 普鲁斯特问卷·钟恒

1. 你认为最完美的快乐是怎样的？

——与家人聚在一起。

2. 你最希望拥有哪种才华？

——写得一手好文章。

3. 你最恐惧的是什么？

——家人生病。

4. 你目前的心境怎样？

——淡定、幸福、快乐。

5. 还在世的人中你最钦佩的是谁？

——妈妈。

6. 你认为自己最伟大的成就是什么？

——还没有出现。

7. 你自己的哪个特点让你最觉得痛恨？

——骨子里的懦弱、做事拖沓。

8. 你最喜欢的旅行是哪一次？

——丽江之行。

9. 你最痛恨别人的什么特点？

——忽略我的存在。

10. 你最珍惜的财产是什么？

——健康的身体。

11. 你最奢侈的是什么？

——我和爸爸妈妈每天在一起。

12. 你认为程度最浅的痛苦是什么？

——和好朋友分别。

13. 你认为哪种美德是被过高评估的？

——明星的公益活动。

14. 你最喜欢的职业是什么？

——教师。

15. 你对自己的外表哪一点不满意？

——身材，太胖了。

16. 你最后悔的事情是什么？

——不想说。

17. 还在世的人中你最鄙视的是谁？

——游手好闲之人。

18. 你最喜欢男性身上的什么品质？

——担当。

19. 你使用最多的单词或者词语是什么？

——谢谢。

20. 你最喜欢女性身上的什么品质？

——柔美。

21. 你最伤痛的事是什么？

——家人生病。

22. 你最看重朋友的什么特点？

——忠诚。

23. 你这一生中最爱的人或东西是什么？

——家人。

24. 你希望以什么样的方式死去？

——自然老死。

25. 何时何地让你感觉最快乐？

——和家人一起。

26. 如果你可以改变你家庭的一件事，那会是什么？

——回到大学时代。

27. 如果你能选择的话，你希望让什么重现？

——回到学生时代。

28. 你的座右铭是什么？

——吃得苦中苦，方为人上人。

把学生当成真正的孩子,陪着他们一起成长!

——覃炼

覃炼：爱得深沉，累得痛快

与不少元老级教师一样，覃炼见证了遂外十年的发展过程。

时光回到十年前的一个雨天，覃炼与遂外正式结缘。尽管当时家人并不支持她来遂外，在家人看来，选择民办学校是个"错误"，但她毅然坚持了自己的选择，并且用十年证明了这个选择是正确的。

岁月走过十年，覃炼自嘲：眼角多了几条鱼尾纹，手掌多了几个弄不掉的茧疙瘩，嗓音里多了几分沙哑……其实，覃炼还多了不少荣誉。她在遂外工作第四年的时候，开始由一名普通教师成长为学校骨干教师、校名师团队成员，先后荣获了市优秀教师、全国优秀奥数辅导员……

覃炼的能干有目共睹。在遂外，既长期担任班主任，又教主学科，还兼做管理工作的，唯此一人。

同事眼中的覃炼，待人热情真诚，讲义气，不论男女老少，一律都是哥们关系，人称遂外"女汉子"；她工作格外认真，喜欢思考，总是想办法将复杂的事情简单化，号称"聪明的懒人"；她还善于与人交流，有较强的组织能力和团队协作精神，办公室的行政工作干得顺风顺水；也有同事常常戏谑地说她是"救火队员"，或称她为"覃一休"，因为当学校出现危机时，她就像救火队员一样勇挑重担，当工作中出现一些比较棘手的问题时，她就像聪明的一休一样，总能想出最优的办法化解难题。

"熬"出来的优秀

初为人师,像所有新教师一样,覃炼迫切希望得到学生、家长、同事和领导的认可。于是,从一工作开始她便过上了早出晚归、聚少离多的生活。从那时起,家对于她来说只是一个晚上睡觉的地方。

有人说,优秀是熬出来的。

这个"熬"字用在覃炼身上,体现得特别充分。熬对她来说,不仅意味着付出时间,还有累、苦、忙碌。

覃炼总结自己的特点时用了最朴素的四个字"吃苦耐劳"。这和别人眼中的她高度契合。再苦再累的活,只要与覃炼沾上边,她总会主动揽着做,哪怕她同时教三个班,当一个班的班主任。三个班的数学课加上一个班的班主任,这是何等重的工作量,她挑起了,却从不言苦。

2008年,覃炼原本轻轻松松地教两个班的数学,但其中一个班级的班主任因为身体原因突然离职,班级常规管理工作一下子没有人管了。学校领导正为此事犯愁,覃炼主动出面承担了班主任工作。"我不想让这个班频繁更换老师,这样对孩子们的负面影响会很大"。于是,覃炼在两个班的数学教学任务外又多了一份班主任工作。没过多久,更棘手的挑战又来了。同年级的另一位数学教师也打起了退堂鼓,借故离职。这就是民办学校发展初期的普遍状况,当自身发展不够强大的时候,很难留住教师,遂外创业初期同样面临着"教师荒"的困境。

就这样,10个班级的数学课就由覃炼、王飞强和宋大明三位老师承担,平均每人教3.3个班级。那段日子,白天的课几乎是满的,所有的作业只能在晚上加班批改。每天晚上回家,覃炼都会背一大包作业。尤其是到了期末复习备考阶段,全部课时都分给了语文和数学。那种忙碌让她瘦小的身体严重透支。

一次,学校课程处主任看了课表后对她说:"你的课表真让人看着心疼！"课表上从早读起到晚自习下课全有她的课，没有一节空堂。"你相信吗？有一段时间我每天晚上很少12点之前回家。"覃炼是在问，也是在确认。

浴火焠炼，始见真金。覃炼名字中的"炼"字昭示着她总能接受更大挑战。

2012年秋覃炼送走一届毕业班，又"遭遇"了遂外历史上"最牛"的一个班级。"最牛"牛在何处？牛在学生的数学基础超出想象的薄弱。

领导苦口婆心地说，"带这样的班级更有发展的空间，可以大幅度提升自己的管理能力和教学水平，只要带完了这个班级，以后没有哪个班级能够难倒你了"；领导说，"你是老员工，对这个学校有感情了，不能眼睁睁地看着学校出问题吧，当然应该去挑重担"；领导还说，"几年相处下来，知道你是一个不怕苦、不怕累，敢于担当的人"。

最终，覃炼接过了这个"烫手的山芋"。"接手的原因不是因为领导说的话打动了我，而是我刚刚做了母亲，站在母亲的立场，我希望这些孩子能得到更多的爱。"覃炼说。

覃炼果然不负众望，在暑假的全国奥数比赛中，这个班有9人获奖，其中冯海芮同学喜获全国一等奖，将代表中国队出国参加国际比赛。这对覃炼是莫大的安慰。

醉过方知酒浓，爱过方知情重。创业初期，覃炼像遂外的领导和所有老师一样都经历了炼狱般的考验。"尽管那段日子很难熬，但今天回看却都是幸福，都是美好。正应了那句话'最苦的日子往往最快乐'！"覃炼说。

爱出来的成就

覃炼最早是教语文的，但是来遂外应聘时，因为学校不缺语文教师，她就以数学教师的身份加盟遂外。没想到这次偶然的跨界成就了孩子心日中的"数学王"。在2009级学生万宇强眼中,他的覃炼老师思维缜密但不失幽默,而不像有些古板的数学老师说话毫无起伏,缺乏趣味。"令我深受感染的是她那闪耀着智慧光芒的双眼,让人时常感受到她对教学的激情与对工作的热爱和执着。"

覃炼的数学课很受学生欢迎,即使是那些原本对数学丝毫不感兴趣的学生。学生小杨与覃炼之间的故事最具戏剧性。

覃炼至今对小杨在第一堂课上的表现记忆犹新。第一天上课,覃炼确定的主题是,让孩子们做一个自我介绍,新同学相互认识一下。轮到小杨了,他起身说:"我是一个调皮的孩子,我的学习成绩不优秀,我不喜欢学习,我一做数学题,脑袋就痛……"覃炼一听,就蒙了,这是有多么强大的内心啊,居然这样介绍自己,看来他确实很调皮。覃炼心里又想:我就是专门修理调皮孩子的,只要征服了你,就征服了这个班级。

于是,覃炼开始有意地关注小杨,平时课上课下总会关注他的数学学习。覃炼发现他比较爱运动,只要他邀请老师和他们一起玩的时候,覃炼都尽量参与。"一起玩"让他们之间的关系更近了。

"这孩子性格外向,平时什么话都敢说,没过多久,和我混熟了,他竟然开始带领孩子们不叫我老师了,而是喊他们喜欢的那些称呼。"说起小杨,覃炼的表情格外明朗。

同事们都觉得孩子们这样称呼没大没小的,有些不尊重老师,但是覃炼觉得这样挺好,说明孩子们已经接纳了她,就这样覃炼和小杨以及班上同学的关系更近了。关系近了之后,覃炼说什么,小杨都会听,而且上课也认真多了。有时候他难免调皮,控制不住自己惹了事后,他会主动找覃炼承认错误,那认错的态度很是认真。一个学期后,小杨学习的态度转变了很多,虽然考试成绩还没有达到理想的分数,但是他的确每天都在进步。

其实,每一个学困生都渴望得到老师的关注和爱。小杨这个案例,让覃炼深深懂得，接纳每一个孩子多么重要，哪怕他很"无厘头"，只要真心地爱孩子，是不需要任何条件的。

台湾作家杨茂秀说："教师这一行，最根本的良心不是教学之心，是关怀之心。"覃炼用她丰富的教学和沟通经验，与每一个孩子真诚交流，用真情换来了孩子的开心生活与快乐学习。

"想"出来的"覃一休"

"覃一休"，乍一听，有些调侃的味道，但这是同事们给覃炼雅称。日复一日的重复性工作，通常到了覃炼这里总会被颠覆程序或调整思路。

比如，遂外的课堂练习一直讲求精讲精练，学校的作业常常需要把A4纸裁成三等分的小题单。每次裁小题单时，其他老师都是用最原始的办法，先分页裁，再合页订在一起，这样的程序每次都会耗费大量的时间。到了覃炼手上，流程大变。她先把所有整页合页成本，订好三颗钉后，再裁成三份，这样大大提高了效率。照此做法，以前需要三节课时间完成的工作现在只需要半个小时就可以完成。爱动脑筋、总想办法的覃炼还在办公室管理工作中提出了档案归类法、建立小型QQ工作组、出勤分月汇总公布法等方法，这些方法都不同程度优化和改进了工作流程，提高了工作效率。

在数学教学中，覃炼一直坚持让孩子们撰写"数学思维日记"，这是她对数学学习方法的创新。写"数学思维日记"目的是为了研究学生的思路变化规律，从而更好地进行有针对性的教学。"数学思维日记"具体的操作办法和语文教学中的日记大同小异，只是数学日记更侧重于记录学生在数学学习的过程的做法和想法。例如："今天老师教了解只有加减的方程，在解 7.8－X＝2.5 时，用 2.5 去加 7.8 了，忘记了减数应该等于被减数减差。以后再遇到这样的问题，肯定不会出错了。"这就是学生从"不知"到"知"的重要过程，老师可以从中看出学生是否真的懂了这个问题，同时也让学生找到了自己的问题所在，以及解决的办法。这就是学生做这道题所展现出来的思维轨迹。让学生写"数学思维日记"旨在让"人人学有价值的数学""人人都能获得必需的数学""不同的人在数学上得到不同的发展"，覃炼把写"数学思维日记"看作数学学习中的底线要求。

覃炼的方法有很多，这源于她善于思考——思考工作背后的工作，有没有更简洁的方法、更巧妙的思路。

有人说，懒惰是驱动人类创新的原动力，创新往往是懒惰人懒惰的结果。但覃炼不是这样，她是一个很勤快的人，却有很多创新，也许支撑她有如此多创新思路的是她的好奇心和思考力。

"如果在管理和教学两者之间做出取舍，你会选择什么？"采访她的人问。

"我更喜欢教学工作。因为我喜欢和孩子们待在一起，喜欢分享他们的喜怒哀乐，看着他们健康快乐成长，我是最幸福的。"

这就是有想法的覃炼。

累并快乐着，这矛盾吗？

在覃炼的生活里"累"与"快乐"可以是统一的。为什么能够累并快乐着？因为她对教育爱得深沉。累和快乐也总是让她刻骨铭心。

覃炼说，她希望遂外的教师不做蜡烛，燃烧自己，照亮别人，遂外的教师应该是太阳，既能够照亮别人又能够让自己光芒四射。

这也许就是一名民办学校教师的精神成长史，也是最真诚教育者的底色和初心。

普鲁斯特问卷·覃炼

1. 你认为最完美的快乐是怎样的?
——一家人平平安安生活在一起。

2. 你最希望拥有哪种才华?
——较强的写作能力。

3. 你最恐惧的是什么?
——死亡。

4. 你目前的心境怎样?
——平和。

5. 还在世的人中你最钦佩的是谁?
——母亲。

6. 你认为自己最伟大的成就是什么?
——让父母、孩子平安快乐地生活。

7. 你自己的哪个特点让你最觉得痛恨?
——眼睛里容不下沙子。

8. 你最喜欢的旅行是哪一次?
——一家人一起游乐山。

9. 你最痛恨别人的什么特点?
——背后捅刀子。

10. 你最珍惜的财产是什么?
——亲情。

11. 你最奢侈的是什么?
——吃着零食看肥皂剧。

12. 你认为程度最浅的痛苦是什么?

——朋友的离弃。

13. 你认为哪种美德是被过高评估的？

——舍己为人。

14. 你最喜欢的职业是什么？

——教书。

15. 你对自己的外表哪一点不满意？

——龅牙。

16. 你最后悔的事情是什么？

——子欲孝而亲不在。

17. 还在世的人中你最鄙视的是谁？

——背后捅别人刀子的人。

18. 你最喜欢男性身上的什么品质？

——独立自强，一身正气。

19. 你使用最多的单词或者词语是什么？

——希望。

20. 你最喜欢女性身上的什么品质？

——温柔贤淑、懂人情世故。

21. 你最伤痛的事是什么？

——父亲生病。

22. 你最看重朋友的什么特点？

——心中有我。

23. 你这一生中最爱的人或东西是什么？

——父母，子女。

24. 你希望以什么样的方式死去？

——安乐死吧。

25. 何时何地让你感觉到最快乐？

——一家人团团圆圆地吃年夜饭。

26. 如果你可以改变你家庭的一件事，那会是什么？

——家庭氛围。

27. 如果你能选择的话，你希望让什么重现？

——我的童年。

28. 你的座右铭是什么？

——自己动手，丰衣足食。

参与孩子们的参与,幸福孩子们的幸福。

——王祥柏

王祥柏：一边行走，一边思考

遂外学生瞿锐前阵子"出版"了一部名为《学语》的"手写书"，书的副标题是"记录王老师的语言"。瞿锐给这部书的宣传语用了四个大字："绝对经典"。

书上所说的王老师，正是遂外的数学教师王祥柏。

"我是个不会数数的人，10、9、8、5、2、1……""在我的观点里是不分男女的""我就是为被你们调侃而生的""用你脑袋上的那个东西想一想（本来想说用脑袋想）""你这不叫埋头苦干，你这叫埋头蛮干；埋头苦干是有收获的，埋头蛮干是没有收获的""只有经过磨难，你才会发出最炫目的光辉"……

这些或俏皮、或调侃、或充满哲理的句子，都是出自王祥柏之口，有心的学生一条条记录下来，一段时间后，数量上居然也蔚为可观。

这似乎与那个平常看着很低调、不苟言笑的王祥柏并不一样。但他就是如此，只要与学生在一起，他立马就成了那个可以开口讲段子，可以爆金句聊人生，可以大开大合教数学的人。

学生们也明白，他就是这样的王祥柏！

为思想而教

如果仔细翻阅翟锐同学的《学语》一书，你会发现，王祥柏很多"名句"都与两个字相关：思想。比如，他说，"思想有多远，你就能走多远""我是个喜欢思考的人，我的偶像是思想者""思考是一种看不见、摸不着的东西，只有用心才能感受到"……

成为思想者，是王祥柏在教学之外的不懈追求。

大学毕业那年，课程已经结束，离上班又还有一段时间，他就经常利用这段空闲到处去听讲座。"每次听完后都觉得主讲人说得很有道理，自己的笔记记得满满的，可现在回想，什么也没记住。理由很简单：记了那么多，听了那么多，我没有自己的思考，所以啥也没记住。"王祥柏说，"所以我想送给我的学生，也送给我自己一句话：听来的只是暂时的，思考的才是永久的。"

与一般老师重教知识不一样，王祥柏致力于在课堂上教学生去思考解决一类题的数学思维。

比如上六年级数学活动课"探究计算中的规律"，王祥柏与同学们一起用几个问题去总结、升华数学思想方法——这节课我们得出了什么结论？（生描述结论。）我们是怎样得出这个结论的？（生猜想、举例验证。）最初的结论与我们现在用的结论一致吗？（生答：不一致。）我们是怎么发现、调整的？（生再猜想、再举例验证。其中用到了数形结合、借助图形由求和转化成求差、类比思想等思想方法）这个过程什么最重要？（引导学生回答出猜想。）"大胆猜想，小心求证"，正是这节课中要学习的思考方法，以便今后去探究更多的数学规律。

"如此总结不但意在让学生认识规律，还着意培养学生思考探究的精神和态度，形成'猜想—验证—再猜想—再验证'的一般探究思路。其间，转化、类比、数形结合等思想方法都能得到训练"。王祥柏说。

知识是永远教不完的，而思想与方法可以撬动学生自学的能力，如果他们能拥有数学思想，掌握数学方法，就能更方便地掌握知识。

教"圆的认识"时，在突破对圆的基础知识的内化之后，王祥柏向学生提问：当我们连圆规也没有的时候怎么画出一个圆？有形的圆易见，那看不见的圆呢？比如，时针分针秒针分别画过的圈，它又在哪里呢？

这些充满思辨色彩的问题总是充溢在王祥柏的课堂上，他认为，正是这一系列直观感性的形象思考经过理性的抽象思考最后形成轨迹、极限等数学思想。"当然，到达最高层次后，我们没有忘记数学来源于生活，也终将回归到生活中去。"王祥柏说。

王祥柏一直很欣赏日本著名数学家米山国藏说的那句话："在学校学的数学知识，毕业之后若没什么机会去用，一两年后，很快就忘掉了，然而，不管他们从事什么工作，唯有深深铭记在心中的数学的精神、数学的思维方法、研究方法、推理方法和看问题的着眼点等，却随时随地发生作用，使他们终身受益。"

他期待着，在"思维数学"的探索中，让孩子们发现真正的数学之美。

"王伯伯"，其实是一个温柔的人

出生于1987年的王祥柏事实上是一个标准的青年教师，但学生们却常常称呼他为"王伯伯"。

按照王祥柏的说法，因他名字里含"柏"字，本读 bǎi，但学生却喜欢读成 bó，叫来叫去，终于叫成了"王伯伯"。不过，学生的说法却是，"因智商太高，二十九岁就有了白头发"，所以，大家称呼他为"伯伯"。

不管这种说法是否成立，学生敢于当面这样称呼他，开他的玩笑，说明王祥柏与学生的关系足够亲密。

学生王靖溪还记得第一次上王祥柏的数学课时的情景。"我被他严肃的外表吓得够呛,从那以后,我总是远远地躲着他。"直到有一天,王祥柏来到他身边,趴下身子,温柔地指着他做错的某道题,轻声细语地说:"孩子,刚刚才讲过的,你再读一读,你肯定可以把它做对的。"王靖溪本以为要挨骂了,结果却"看到了他布满笑意的脸,那一刻,我才知道,他其实是一个温柔的人。我以前真的错了!"

王靖溪得出的结论是,"王伯伯"是一个严厉而不失温柔的老师。

学生对王祥柏的信任与喜欢,来自他幽默生动的上课风格和对学生的关爱。王祥柏也深知,是孩子们对他的信任让他对这份事业始终保持兴趣。

在教了两年的班级即将毕业之际,王祥柏向学生做了一次调查。其中有一个问题是,请认为自己对数学很感兴趣的同学举手。五秒钟后,除了小A一会儿举起一会儿又放下的手外,其余的手都已经高高举起来了。当大家把目光聚焦于小A时,她站起来说:"其实我很喜欢数学这门学科,只是我的数学成绩太差,所以我就把手放下去了。如果别人知道了王老师班上的我成绩那么不好,还说很喜欢数学,那不是会觉得我在撒谎吗?"

那一刻,王祥柏意识到,学生信任的倾吐使他充满了力量。王祥柏告诉她:"孩子,其实你的喜欢,跟你的成绩没有关系,你的这份信任与为王老师着想真让王老师感动。"

王祥柏在学生那里找到了职业幸福感。他也做了一次属于他的问卷,其中的一个问题是:如果你能选择的话,你希望让什么重现?"我希望我的第一个毕业班的学生能再跟我上一次六年级。"王祥柏这样回答。他觉得,那段时间是他生命中最美好的时光。

在这里,触摸理想

一个成都人,义无反顾地来到遂宁,当一名数学教师,还把数学教得风生水起，这是什么样的精神？

王祥柏说，其实他起初连遂宁在哪儿都不知道。

大学刚毕业那会儿，王祥柏在成都接到了遂外的招聘电话。"不妨去看看"，他抱着这样的心态去买票，遗憾的是，其时恰逢五一，火车票已经售光。囊中羞涩的王祥柏心想，这样也好，来回车费加住宿费两百多块钱，几乎是自己半个月的生活费，这么高的成本，省下了也不错。第二天路过火车售票窗口，他鬼使神差地又去问了下，结果售票系统显示又有票了，他一咬牙，还是决定走一趟。

"我就这么来到了遂外。"当时的情景，王祥柏至今记忆犹新。

刚毕业的日子，"没人告诉你该怎么做，往哪儿走"。他没有想到的是，原先不知道要干些什么的自己，到了遂外，目标变得渐渐清晰。

"我就想着不论在哪儿，一定要在工作中加入自己的想法。"王祥柏说，"遂外给了我这个环境。"

刚开始，由于自己缺乏经验，研究教材的能力有限，驾驭学生的能力不足，课堂教学并不顺利，有一天居然被家长投诉了。王祥柏一度动摇：自己是否真的适合在这个岗位上？他有过半夜漫步操场焦虑不安的苦恼，有过周末趁别人不在时大哭一场的辛酸，就在打包好行囊，只差一张回去的车票时，同事们的极力劝慰和信任让他留了下来。

从此，王祥柏不断地向教学经验丰富的教师学习，与年轻教师反复探究钻研。每次学校数学课课改展示活动，他都积极参加：课前精心准备，课后认真反思。就这样，他在一次又一次的"实战"中不断成长起来了。

一年后，王祥柏荣获了遂外"优秀青年教师"的称号。此后，王祥柏不断进入大学继续深造，并获得中国高教学会高等师范教育研究会数学教育会、小教培养工作委员会认定的二级教练员资格；他指导的毕业班在升学考试中全部考取省内名校，他因此获得河东新区教育局"优秀教师"称号……一系列的成绩与荣誉纷至沓来,证明了他当初坚守的价值。

"当你的想法、行为能够影响一批人时,你怎么可以轻言放弃。"王祥柏说,"为了理想,为了学生,什么样的困难都是值得去努力克服的。"

他如今的心态,从容自如。而他的职业成长大约就像那部《学语》里记载的他告诫学生的话一样:"一开始就经历大风大浪,比晚经历好,因为你一开始就经历了,以后就不怕了。"

普鲁斯特问卷·王祥柏

1. 你认为最完美的快乐是怎样的？
——无忧无虑地做自己喜欢的事情。

2. 你最希望拥有哪种才华？
——脱口而出的精彩演讲。

3. 你最恐惧的是什么？
——失去身边最亲的人。

4. 你目前的心境怎样？
——不够宁静。

5. 还在世的人中你最钦佩的是谁？
——梁宏达。

6. 你认为自己最伟大的成就是什么？
——能积极去思考一些内容并与周围人分享。

7. 你自己的哪个特点让你最觉得痛恨？
——不够果断。

8. 你最喜欢的旅行是哪一次？
——一人独自去回味大学时去过的景点。

9. 你最痛恨别人的什么特点？
——不够真诚、诚实。

10. 你最珍惜的财产是什么？
——我最爱的人及最真诚的朋友。

11. 你最奢侈的是什么？
——让自己什么也不做。

12. 你认为程度最浅的痛苦是什么？

——重新再来。

13. 你认为哪种美德是被过高评估的?

——以爱国的名义盲目抵制一些东西。

14. 你最喜欢的职业是什么?

——电视评论。

15. 你对自己的外表哪一点不满意?

——眼睛。

16. 你最后悔的事情是什么?

——没能阅读更多的书。

17. 还在世的人中你最鄙视的是谁?

——此地无银三百两的人。

18. 你最喜欢男性身上的什么品质?

——豪爽与耿直。

19. 你使用最多的单词或者词语是什么?

——信任。

20. 你最喜欢女性身上的什么品质?

——善解人意、理解与包容。

21. 你最伤痛的事是什么?

——想做好一件事但却没做好。

22. 你最看重朋友的什么特点?

——喜怒哀乐与你一起分享。

23. 你这一生中最爱的人或东西是什么?

——奶奶及奶奶做的菜。

24. 你希望以什么样的方式死去?

——只要不是意外都行。

25. 何时何地让你感觉到最快乐?

——听到毕业了的学生交流现在老师的教学思想与主张跟我差不多的时候最快乐。

26. 如果你可以改变你家庭的一件事，那会是什么？

——在离家更近的地方上班。

27. 如果你能选择的话，你希望让什么重现？

——我希望我的第一个毕业班的学生能再来跟我上一次六年级。

28. 你的座右铭是什么？

——用思考熔炼智慧，用智慧创造成功。

用生命关爱生命，用智慧启迪智慧！

——李剑

李剑：为自己的人生出一本书

坐在面前的李剑，"海拔"不高，但眼睛里有一种让人难忘的知性。尤其是架在鼻梁上的那副眼镜，让这种知性色彩更加浓郁。

她常常拿自己不高的个子来自嘲，但是因为她的能力和才华，同事们却常常仰望她。大家都爱用"浓缩的都是精华"这句话来形容她。

李剑在学生时期算是"学霸"那种类型，大学期间是学生会主席，据说，从小学到大学，在她的记忆里，"班长"这个角色始终与之不离不弃。

和她有过接触的人都会不约而同地送她个称号——"快嘴"。因为她的语速很快，是超出常人的那种快，但语速快丝毫没有影响她表达的缜密与深刻。

2008年是南方雪灾的那年，也就是那年初，李剑来到了遂外。

那个时候，遂外所在的位置远离城区，是一个出租车都很少到的地方。"打出租车来学校应聘那天，司机都不愿意来。"李剑的记忆在我们的对话里慢慢打开。

静静地做自己

因为"海拔"不高，以及一些其他原因，她说她自卑了很多年，一一直以来，她不喜欢拍照，更不会自拍。她坦言除了工作中的同事集体照、和学生一起的集体照，外加寸照，其他的照片她好像很少有。

　　平常的日子里，她很沉着，这份沉着，有时甚至会给人冷淡的感觉，但实际上，她冷酷的外表下裹着一颗火热的心。她说自己是一个"凡事善思，却不喜说"的人，秉承着"面带猪相，心中敞亮"的原则，一直相信"静静地做自己就好"。

　　从教九年，她深得家长、领导、同事和学生的喜爱；勤于钻研，追求上进，从校级到县级，再到省级、国家级，获得了大大小小四十余项殊荣。还真应了那句话——"宝剑锋从磨砺出，梅花香自苦寒来"。

　　说来也奇怪，理科生出身的李剑，却非常喜欢摆弄文字。她喜欢读书，最快的时候，她能够两天读完一本书，她总是把自己的心绪诉诸文字，"只有在文字里才更容易看见自己的灵魂"。她有一个很私人的愿望，希望有一天能出本书，把自己平时记录的文字、感悟，以及一些灵感结集出版。

　　天蝎座的她，典型的黑白分明。平日里，她很少与别人交往，哪怕与领导、同事之间，也并没有过分热情的交往。她总是那样静静地待在自己的圈子里，静静地享受着每一个与学生相处、与家长交流、与书为伴的日子，只是静静地做着自己。

　　据她说自己每天都有一个时间是专门拿来发呆的。"抬起头，以45度角仰望天空，或蓝天白云，或微风徐徐。茶杯、书本就放在眼前，而城市就在我的脚下。那种感觉真的很美。"李剑沉浸在自己的言说里。

　　"后来我也在反思，不应该只做好自己，要主动走出自己的圈子。"李剑说这话的时候满脸真诚。

　　她懂自己，其实懂自己比懂别人更难。现在作为高段语文教研组组长，她必须去尝试做很多的改变，并随时反思自己的工作。所以她在静静尝试着、改变着，努力地耕种着一份属于她自己的岁月静美！

把自己种在遂外

刚来遂外时，和所有的新成员一样，李剑难免担心和焦虑：怕自己不优秀，怕落后，怕理想不能实现，怕梦想遥遥无期。

于是，在工作上，她将自己的弦绷得很紧。起初的那两年里，她把家长提到的关于孩子的点滴都记录在本子上，时不时拿出来看一看，想想如何对症下药，看看有没有哪点工作被遗漏。她给所有家长每周一个电话，熟悉后改为两周一次，六年打坏了五部手机，还因此得了神经性耳炎，医生对她说以后少用听筒，少戴耳机，少接打电话……她不断学习，不断改进自己的工作，把学到的新理念新经验随时植入自己的工作中。

美国学者佛隆1964年提出了"期望模式"。佛隆认为，一个人被激发出来的力量，与他追求的目标价值和达到这个目标的可能性有关，即目标价值高、期望概率大，被激发的力量也就强。"期望理论"给李剑带来的启示是：师者应善于提高学生自身活动的目标价值，同时应创造条件，增加学生实现目标的期望概率。李剑把这种目标价值转化为学生的自主需求行动，运用于语文教学中。

她用心经营自己的教室，经营自己的班级。谈起孩子，她总是一副如数家珍的模样："花架是自己花钱买的，安装是班里男生完成的，植物角的花是'众筹'的，由女生照看。"而在她看来，对教室的经营，不只是在环境上，更重要的是所建设的一种文化；对班级的经营，不只是在成绩上，更重要的是所播种的一种信念。

常说这世界"认真"二字最可爱，李剑就是这样一个人！一个在静默里认真工作、用心生活的人。

能实现学生基于自尊的最高需求的就是教学中的"肯定"和"赞美"。这份肯定和赞美，不仅仅来自老师的表扬，更是来自"好孩子是同伴夸出来的"。所以，在李剑的班上，她营造了一种相互欣赏的赞美文化。在认真的基础上，她告诉学生的不是"你要认真学习"，而是"你要如何认真学习"；她告诉学生的不是"你要夸夸同学"，而是"你要真诚地夸夸同学"。

九载岁月，九年青春，她把自己种在了遂外。

如果按照年份梳理，李剑在遂外的每一年都留下了精彩的印记。2008年，校级赛课一等奖；2009年参加遂宁市赛课；2010年参与编写校本教材；2011年开始不断地接触新的教学理论，跟同事们分享心得；2012年至2014年，做质量组长，提升质量，参与编写了一本又一本校本教材，确定了大单元，撰写了群文教材体例；2014年再次参加遂宁市赛课，所带毕业班获"全面发展班级"，班内学生全部考取名校；2015年至2016年代表学校站在了全国的舞台上，先后在海南、广东向来自全国各地的同行展示了学校的课改成果。

也许正是因为这一份努力，她的教学业绩一直名列前茅，但她并不认为是因为业务能力强。"我始终相信信心是成功的基础，而耐心是一种能力！"

同事陈超说："李剑是一位精于研究的学术型教师，常常因一个教学问题或教育现象而彻夜深思，往往就一个学术问题的讨论发表视角独特的见解。"

如果来自同事的是一种专业上的赞美的话，那么她与学生之间的关系则是一种特殊的存在。

2008级的全洪颖跟随李剑六年，她曾经给她的李老师写过这样一段文字："每个人都有一段不堪回首的'黑历史'，那些自己都快忘了的'黑历史'，李老师您却比我记得还清楚，尽管我已经毕业好几年了。但每次见到我时，您也不忘用这些'故事'调侃我几句，我知道您还一如既往地喜欢我，因此才记住了这些琐碎的小事。李老师，有您做启蒙恩师，真好！"

回到自己的生活轨道，李剑坦言自己对女儿松果亏欠太多。因为学校的工作忙，加班便成了常态。她三岁的女儿曾经跟她说过一句话，让她很是内疚：妈妈，你们的世界里永远是加班吗？

这些年，因为业务能力出色，断断续续有不少学校向李剑或明或暗伸出橄榄枝，她都婉言谢绝了。"我今天所有的自信与成就，都来自遂外。它是一个公平的平台，一个智慧的空间，一个梦幻的舞台，只要敢拼、敢闯、有理想，你总会有机会脱颖而出。"她感慨地说道。

"想过离开吗？"

"的确想过，我曾想，人有时候需要换一种生活方式，但每次心动时又被另一种念头打回去了。"

"是什么让你没有选择离开？"

"是感情吧，同事之间接近家人的那种感情。虽然平常我不太喜欢表达情感，但心里都默默感动着……"

"还因为校长对我有知遇之恩。"李剑补充说。

就是这样一个语文教师，就是这样一位遂外人，就是这样一位母亲，就是这样一个静默的工作狂。她把自己的思想种在文字里，把爱种在教室里，而把自己种在了遂外。

不补成绩补习惯

习惯先于成绩，这是李剑秉持的教育理念。在她眼中，好习惯胜过好成绩。

孩子们也许已经不记得她上过的课，但一定不会忘记她曾经培养的那些习惯。李剑试图在学习之外培养孩子们可以带得走的"黄金习惯"，比如，表达赞美、在错误中反思自己、善于合作、学会坚持……

她总是见缝插针地给孩子们补上"习惯"这一课。而这种习惯的培养从来不是靠说教完成的，而是靠在生活中的带动养成的。

班上曾经有两名学习成绩不错的学生，很多次放学后，李剑就把他们留下来补习，不是补学习，而是补习惯。这两个孩子不尊重生活老师，喜欢顶嘴，性格倔强，不太讲卫生，不喜欢帮助同学……于是，李剑给他们来了一场好习惯的"补课"：一是为了告诉他们不能有这样的坏习惯；二是让他们明白，即便是学习上的优生，也一样需要"补差"。

她总是抓住每一个教育契机去教育自己的学生。五年前的一次运动会前，她对参赛学生说："如果比赛跑不动了，不要放弃，要坚持走完全程，一定要到终点，因为这是一种精神与信念。"孩子们记住了她的话。第二天的运动会上，赵涔森摔倒了，但依然爬起来，继续奋力走到了终点。她回忆道："后来我发现涔森的膝盖红了，看着眼前这位四年级的孩子，我眼眶湿润了，而他却笑了。全班孩子竟然不约而同欢呼：'我们胜利到终点了！'"

在她的工作日志中还记录了这样一个细节：

"最近学校食堂里总有玉米，这是大家都喜爱的粗粮。今晚我也吃了'面条＋玉米'。为了赶时间，我吃完面条就拿着玉米边走边啃了。路过操场时，我突然发现，四周全是孩子。我们不是教育孩子'食不言，寝不语'吗？不是规定'吃完东西才能出餐厅'吗？而以身示范的我们呢？放眼望去，满操场的孩子和三五成群的与我一样啃着玉米的老师们。我低下了头，把玉米放进了包里。"

"天再高又怎样，踮起脚尖就更接近阳光。"这是李剑的语录。她用事例、用道理，也用自己告诉学生：无论身在哪里，无论在怎样的境遇里，一定要带上属于自己的阳光。因为未来的日子里，或许我们还会遇见许多的不如意，而每每在这样的情况下，真正能打败我们的正是我们的态度。

这也是她如此重视习惯培养、性格优化和心理成长的原因吧。

最后谈到成长愿景,李剑如是说:"我不奢望成为什么名师,但一定要做孩子喜欢、家长信任、领导放心、专业过硬,能给学生留下一些好的影响的老师。"娓娓道来的她,眼神里依然透露出的是一种知性与宁静。

普鲁斯特问卷·李剑

1. 你认为最完美的快乐是怎样的？

——健康、简单，而又和谐的幸福。

2. 你最希望拥有哪种才华？

——情商可以高一些，在音乐、舞蹈等艺术上可以有所造诣。

3. 你最恐惧的是什么？

——有一天会因为眼疾暴发而失明。

4. 你目前的心境怎样？

——很平和，想把三十多岁的人生当二十多岁一样过，好好折腾，好好生活。

5. 还在世的人中你最钦佩的是谁？

——那些能力非凡、内心强大又能波澜不惊的人。

6. 你认为自己最伟大的成就是什么？

——对自己的工作思考得比较深入。

7. 你自己的哪个特点让你最觉得痛恨？

——矮和丑。

8. 你最喜欢的旅行是哪一次？

——站在海边，放眼辽阔的大海，海纳百川之势，让人觉得平和。

9. 你最痛恨别人的什么特点？

——无才无德而又强势。

10. 你最珍惜的财产是什么？

——健康的身体、良好的性格。

11. 你最奢侈的是什么？

——自由。

12. 你认为程度最浅的痛苦是什么？

——皮外伤。

13. 你认为哪种美德是被过高评估的？

——靠拍马屁吃饭，却被誉为工作用心、情商高。

14. 你最喜欢的职业是什么？

——教师、电台DJ。

15. 你对自己的外表哪一点不满意？

——太多了：身高、牙齿、脸型、眼睛……所以一直很自卑。

16. 你最后悔的事情是什么？

——九年前，一次去银行，撞在了门上，那以后，就留下了眼疾，是不可以恢复的很严重的疾病。

17. 还在世的人中你最鄙视的是谁？

——我行我素，自以为是，听不进去意见，还凡事都要争赢为止的人。

18. 你最喜欢男性身上的什么品质？

——大度、稳重、思虑周全、温暖。

19. 你使用最多的单词或者词语是什么？

——谢谢。

20. 你最喜欢女性身上的什么品质？

——温柔、贤惠、自立、向上、阳光、自然、友善。

21. 你最伤痛的事是什么？

——眼睛不好。

22. 你最看重朋友的什么特点？

——友善、真诚。

23. 你这一生中最爱的人或东西是什么？

——最爱我女儿。

24. 你希望以什么样的方式死去?

——没有痛苦,不留遗憾地静静离去。

25. 何时何地让你感觉最快乐?

——快乐有很多,学生时代里的快乐是:大学里,有一次和同学们一起骑单车去旅行,简单、纯粹而又快乐;工作以后,快乐就是身边领导、同事的关怀、呵护与帮助。

26. 如果你可以改变你家庭的一件事,那会是什么?

——让妈妈身体健康,没有得病,而且性格变得温柔。

27. 如果你能选择的话,你希望让什么重现?

——眼睛不会受伤,我依旧是健康的我,不再是一个每日都会担惊受怕的我。

28. 你的座右铭是什么?

——心怀善念,努力向前。

走近孩子，了解孩子，才能真正懂孩子。

——邓琪

邓琪：学习是最好的成长助推器

九年后，当遂外英语教研组组长邓琪回忆起 2008 年的开学时光，她不假思索地用了一个词：终生难忘。

那是她第一次踏入遂外的大门。

邓琪没有想到，自己的人生会与这所学校从此融为一体。这里，承载着她的青春和梦想。

"'风雨兼程'，这四个字说起来容易，做起来难，但是我相信，只要你有职业梦想，愿意付出，你就会收获自己的幸福。"邓琪用这样一段话，总结了自己的遂外生涯。

想尽一切办法去学习

与遂外结缘，邓琪最初是下了一番功夫的。

九年前开学之际，遂外根本不缺英语教师，但邓琪硬是好说歹说，为自己争取了一次讲课的机会。

"你就上一堂福尼斯英语复习课吧。"评委给出了这道题。

福尼斯英语课？这是什么？一脸茫然的邓琪顿时蒙了，可事已至此，又哪能半途而弃？她匆匆准备了 10 分钟，"管他三七二十一，上了再说"，她想。

结果可想而知。"教法比较传统,操练方式太过单一,不适合小学生。"课后,评委给出了这样的意见。

可邓琪还不死心,争取到了学习的机会,这期间,她坚持在遂外听课、学习,等待着下一次机会。

"每天上午三节,下午两节,课程结束就找上课老师请教,这样接连听了大概二十来天,摸索出了一些福尼斯英语和童谣英语的教学模式。"邓琪说。

终于,9月30日,邓琪迎来了新的一次考核。也许是被邓琪的努力所感动,英语教师Becky特意让她选择自己班上的孩子试教,因为"这个班上的孩子比较活跃"。

这一个月来的辛劳没有白费,邓琪顺利完成了教学任务,终于拿到了遂外的入职通知书。

然而,她的成长并不顺利。尽管入了职,但邓琪只能作为储备教师在课程处当一名职员,这让她感到迷惘。

"本来一心想在这里一展拳脚,可我每天的工作除了查课还是查课,仿佛一下子不知道以后的路应该怎么走了。"邓琪回忆起当时的情景,仍清晰地记得内心的纠结。

但她并没有深陷迷茫,而是很快调整过来。"如果学校突然让我上课,作为一直都没有接受过新教师培训的我该怎么办?"她问自己。

邓琪忽然意识到,"听课"是最好的成长办法,而每天的查课就是听课的最好途径。

从那时起,每次查课,邓琪都会认真聆听老师们的课,无论是新教师还是老教师,她都能从他们身上学到有用的知识,比如怎样组织管理课堂、怎样设计课堂环节、怎样写好板书、怎样使用课堂语言等等。有不明白的地方,她就在课后向他们讨教。

这段潜心苦学的经历,为她的成长奠定了厚实的基础。

终于，五个月后，邓琪迎来了上课的机会，学校分配给她三、四年级的两个班。没有忐忑与慌乱，没有生涩与犹豫，她就像一个经验成熟的老教师一样，将一堂课行云流水般上了下来。

不得不说，邓琪是一个会学习、爱学习的人。她总能意识到自己课堂中的不足之处，也善于利用一切资源来弥补自己的不足。与她同时教课的 Lucky 老师自建校便在学校任教，并且接受过系统的培训，邓琪便经常去观摩她的课堂教学，请她指出不足和需要改进的地方，从此，她和 Lucky 成了无话不谈的好友。

"不会主动学习而是被动被鞭策的学习在职业生涯中是不能长久的。"邓琪说，"一个人如果对自己的职业有所追求，就一定会想尽方法去学习。"

邓琪正致力于做这样的终身学习者。

到更大的舞台上去

做一名孜孜不倦的英语教师，有专业上的获得感，有同事和学生的认可，一直这样下去挺好。邓琪的职业规划，大抵如此。

可有一天，忽然来了个"晴天霹雳"——学校任命她为六年级年级组长。

邓琪立马起身跑到校长室。"校长，这活我干不了。"邓琪想都没想就向校长请辞。她觉得，自己根本没有任何管理经验，当年级组长会让她惶恐不安。

但校长李启书并不这么认为，在他看来，眼前的这个年轻人学习能力强、责任心强，能够担此大任。

"年轻人有什么做不来？不会就去学，不懂就去问。"最终，李启书的这番话让邓琪思想转变过来：是的，作为年轻人，要有一股闯劲儿，要有迎难而上的气魄。

邓琪决定挑战一把自己，她要做的第一件事就是——向人请教、学习。

说干就干，邓琪找到分管六年级的校长，一步步跟着他学习信息管理、年级管理、统筹安排、和年级的教师相处之道等一系列与管理相关的事情。领导也不厌其烦地倾囊相授。有时候年级事务太多太杂，她安排工作出现问题，心情沮丧的时候，校长就会鼓励她："年轻人，慢慢来，没做好就重来，我还就不相信不行了。"一句鼓励的话就能让邓琪重燃斗志。

这是一段并不轻松的旅程。

"还记得她初当年级组长时的辛劳，因为不熟悉工作，她夜夜加班不得休息。为了确保每一位学生都能够顺利升入理想的初中，她将全年级孩子的报名表反复确认，对全年级学生的情况进行反复了解。因为年级组事情琐碎繁杂，每一项工作她都要一次次地跟每个老师确认、落实。"邓琪的同事回忆道。

功夫不负有心人，邓琪顺利地把两届毕业班带完且成绩斐然，这让她如释重负。就是这样一个执着的新年级组长，用自己的拼搏、坚持，为邃外摘下了一枚枚新的胜利果实。

这是一次跨越式的成长，邓琪感恩于自己的伯乐。

"千里马常有而伯乐不常有，遇到机会一定要好好地珍惜，去更大的舞台展示自己。"那时候的邓琪，站得更高，也看得更远。

在反思中知所行止

是金子到哪里都会发光。邓琪用行动证明了自己再也不是当年那个羞涩、不自信的小丫头。如今，她又有了新的角色——英语教研组组长。

"教研组工作多而杂，除了教学教研，还有活动策划。但只要理清了思路，完成这些事情也可以有头绪。"心中有谱的邓琪面对新岗位不再慌乱。不论是学术委员会、名师工作室，还是课堂大比武、名学生培训、特色活动等，她都应对自如。

回归教学与教研，也让邓琪倍感兴奋。这些年，她积累了许多新的教学思路，对课堂教学也有了更深入的思考。她需要好好梳理一番。

我们要将学生带往何处？这是邓琪一直在思考的问题。

一个小案例曾经引起邓琪的注意：《半夜鸡叫》这个故事大家耳熟能详，向来觉得揭穿周扒皮的高玉宝是小英雄，课堂上，孩子们对这个故事的理解也是在老师的引导下完成的，他们并没有深入思考这个故事之外的问题。但当这个故事被拿到美国的课堂上时，情况却发生了巨大的变化。美国的孩子对这个故事提出了很多的质疑，如"高玉宝和周扒皮一样不诚实"等，孩子们的思维很发散，他们会从多角度去看待事情。

"我们的孩子为什么遇事不能去提出不同的观点，去提出更多的质疑呢？"邓琪反问。

在邓琪看来，这和我们现行的课堂教学有很大的关系。"大多数的课堂都是老师在主控，学生只需要倾听，这也就造成了我们学生思维的单一。孩子们一味地接受老师的灌输，根本没有质疑的意识，从这一点上看，我们的教育是有很大的缺陷的。"邓琪觉得，教育的发展潮流决定了课堂应该来一场革命。

作为教研组长，她把改革作为自己工作的重中之重。她提出小学英语应该实现英语四化：童年化、生活化、活动化、职业化；还提出了"关注学生"与"绝非统一"的原则，鼓励学生质疑，让每位学生学习的积极主动性得到更加充分的调动。

"我们始终倡导'相信学生多一点，创新思维活一点，小组协作好一点，优差帮扶进步点，课改成功快一点'这一观点。"邓琪说。

在邓琪看来，没有反思的经验是狭隘的经验，至多只能算是肤浅的知识。"我想我最需要反思的就是自己的教学行为，从教材解读与设计、教法与学法的选择、课堂细节的处理、知识的拓展、学生思维训练等方面去反思。只有不断反思，才能够自我修正，自我完善，才能在教学教研的道路上走得更远。"邓琪说。

显然，她已经向自己的下一站迈出坚实的步伐。她坚信，自己会在不断学习中攻克一个又一个难关。

普鲁斯特问卷·邓琪

1. 你认为最完美的快乐是怎样的?
——坐在沙滩上望着大海。

2. 你最希望拥有哪种才华?
——文采。

3. 你最恐惧的是什么?
——最亲的人离开。

4. 你目前的心境怎样?
——有点焦虑。

5. 还在世的人中你最钦佩的是谁?
——背着一把吉他到处流浪的人。

6. 你认为自己最伟大的成就是什么?
——善于学习。

7. 你自己的哪个特点让你最觉得痛恨?
——喜欢胡思乱想。

8. 你最喜欢的旅行是哪一次?
——在泰国古城素可泰骑自行车。

9. 你最痛恨别人的什么特点?
——说话不算话。

10. 你最珍惜的财产是什么?
——亲情。

11. 你最奢侈的是什么?
——没有。

12. 你认为程度最浅的痛苦是什么?

——走路摔跤。

13. 你认为哪种美德是被过高评估的？

——让座。

14. 你最喜欢的职业是什么？

——厨师。

15. 你对自己的外表哪一点不满意？

——额头。

16. 你最后悔的事情是什么？

——每当假期结束才发现还有很多事没有做。

17. 还在世的人中你最鄙视的是谁？

——骗子。

18. 你最喜欢男性身上的什么品质？

——有担当，有责任心。

19. 你使用最多的单词或者词语是什么？

——真的哇。

20. 你最喜欢女性身上的什么品质？

——单纯。

21. 你最伤痛的事是什么？

——生病。

22. 你最看重朋友的什么特点？

——真诚与相互关怀。

23. 你这一生中最爱的人或东西是什么？

——亲人、朋友。

24. 你希望以什么样的方式死去？

——在睡梦中自然死亡。

25. 何时何地让你感觉最快乐？

——小时候爸爸骑车送我上学，妈妈下班接我放学。

26. 如果你可以改变你家庭的一件事，那会是什么？

——学会做饭。

27. 如果你能选择的话，你希望让什么重现？

——过世的亲人复活。

28. 你的座右铭是什么？

——摔倒了爬起来就好。

我要让遂外的孩子在最好的求学年华里遇上最好的我。

——彭艺

彭艺：85后里的思想者和行动者

初见遂外数学教师彭艺，你会被他的小虎牙吸引。

跟彭艺简单交流之后，你会被和他外表不太相符的深刻思考吸引。

"严肃中带点调皮，认真中带点潇洒，谨慎中带点创新，沉默中带点思考，一个集才华和幽默于一身的段子手。"85后的彭艺这样"另类"地评价自己。

严而有度的幽默者

五岁时，调皮的彭艺开始学画画。这一画，就画了十五年。"要不试试考美术院校，没准儿能得许多奖？"母亲问他。"由于天赋的问题，我果断放弃了。"彭艺打趣地说道。

高三之前，彭艺的整个学习过程用他自己的话来说是"比较随意"。或许正是这样的"随意"，才让他第一次感受到教师可以触及灵魂的魔力。比如，初二时物理只考了10分，初三时换了一个班主任，成绩马上名列前茅。

但自从高三遇到第三个高中班主任兼数学教师熊老师，彭艺才真正开启了对教师这一职业的向往。

"熊老师是一个长得很瘦，但很精干、很睿智的数学老师。他让我感觉到，原来老师也可以这样：不像一般的女教师那般柔情似水，不像一般的老教师那般淡定自如，不会一味地批评或关爱，而是和学生充满幽默地博弈。"彭艺说。

熊老师的那份幽默也传递到了彭艺身上。

在遂外学生看来，彭艺认真、严厉，同时带有一丝幽默。有学生说："课上，他可谓是孙猴子的脸——说变就变。前一分钟对你喜笑颜开，后一分钟脸上便阴云密布，马上转变成'妖神'，施法来收服我们这些小妖。"

有学生回忆："有一次，我因为连续三次没交作业，被彭老师虎着脸问：'都连续三次了，还有下次吗？'"面对这样的问题，这个学生当时有点不知所措。

"难道我要等你三生三世？我怕到时候你的作业没等到，我却等到桃花都开了。"彭艺接着说。

"我当时差点没喷出来，彭老师说的不正是当时热播的电视剧《三生三世十里桃花》吗？"回忆起当时的画面，学生仍然感激彭艺的幽默和包容。

彭艺和他妻子的经历仿佛也是一场"幽默"。

"我们从'搭班'慢慢就变成了'搭家'。"谈起和妻子的结缘，彭艺调侃地说道。当时，他们两个人负责同一个班，一个是数学教师，一个是班主任。一段时间相处下来，两人竟然慢慢走到了一起。

"老师中潜伏的段子手，段子手中教书最卖力的。"彭艺这样评价自己。

潜心钻研的学习者

踏上工作岗位后，彭艺发现，平时工作忙，充实自己的机会少了。工作两年后，他就默默地踏上了"寻师"之道。

令彭艺感动的是，遂外是一所"有生命的学校"。遂外特别重视教师的培训和成长，鼓励教师多出去学习、多出去展示，这给了彭艺许多出去"见世面"的机会。

2013年第一次外出学习，彭艺现场听了特级教师华应龙和吴正宪的课。

"华应龙老师讲的是《平均数》，课程结尾的时候，华老师出示了四个人的脚，并告诉学生这四人的平均年龄是15岁，叫大家猜这四人分别多少岁。当学生七嘴八舌猜的时候，华老师把四人的上半身也出示出来，原来这四人就是华老师本人和几个小朋友。"华应龙采用学生熟悉的案例，揭示了整堂课的数学思想——移多补少，还串联了整堂课零碎的知识点，令彭艺颇为难忘。而吴正宪在这样大型的观摩课上，"公然"批评了一个不认真思考的学生。

"两节课，我看到了教学的内涵。一是教，先有原则才会有教的过程；二是学，不管课堂怎么精彩，进入孩子世界的往往是一些知识碎片，最后能用一种东西把这些碎片串起来，才能真正激发学生的学。"彭艺说。

2014年，彭艺和特级教师徐长青同台献课《数与形》。

那次同台献课的经历，让彭艺收获最大的并不是这堂课带给他什么，而是第一天活动结束后，和徐长青老师一起漫步湿地公园的一席交流。"原来专家不是速成的，徐老师平时的谈吐和他在讲台上如出一辙，依旧那么幽默、睿智，话中还带有点点诗意。"彭艺说，"那次的交流让我感触颇深：你想要成为怎样的人，就要真正去行动变为这样的人，让梦想成为一种习惯绝对不是读几本书、看几个视频就能搞定的事。"

2015年，彭艺到四川绵阳，和特级教师王超进行了一次"接地气"的交流。"教书到底在教孩子什么""如果是为了教某种技能，我们究竟该从什么方面入手""知识其实是一种载体，是用来育人的"……一番话点醒了正处于困惑期的彭艺。

回来后彭艺慢慢细品，不正是这样吗？作为教师，我们在做的不正是这样的事业吗？彭艺举了几个例子："我记得小时候不怎么爱刷牙，刷牙一般是迫于母亲的威逼利诱。但一次生物课上，老师讲到发酵时打了个比方：我们每天吃的食物会残留在牙缝里，如果你不去清理，它们就会在牙齿里腐烂。从那以后，不用提醒，我每天都会刷三遍牙。"

"或许这就是知识对于成长的意义。从小父母就教我们要细心，但我们真正理解细心的意思了吗？还不是在一次次做题、考试中，慢慢地学会了吗？当时我们并不觉得，等后来才发现，我们做的事情就是细心。"彭艺说。

每学期彭艺都会给自己写一段话，这段话就是他这学期所思考的重点和改变的方向。

2016年，北京语言大学教授谢小庆到遂外交流时谈道：知识是用来发展能力的。"这不正是2015年我的思考吗？"那次讲座让彭艺对那句话的理解更加透彻。

在听讲座的过程中，彭艺发现，自己有时赶不上这位六十多岁老人的思维。彭艺反省时发现：自从工作后，自己更多的是接受任务、机械完成，虽然获得了许多经验，但也丧失了一种重要的能力——提问。就如学生一样，能提问才能证明他的思路是跟着教师在走。"我们常常在提醒学生要多提问题，却往往没有在意自身这方面的提升。"彭艺说。

在一次次的学习和反思中，彭艺逐渐成为自己想要成为的人。

金句频出的思考者

"团结是一种被过高评估的美德。道不同不相为谋，只有把一群目标不一致的人聚集在一起，才会天天谈论团结这个词语。"彭艺说道。

而在遂外，作为数学学科的"积极分子"，他和一群目标一致的遂外人,一起思考,一起研讨,一起备课,一起成长,他们在诠释团结的真正内涵。

"社会上有虎妈猫爸,我更愿意定位自己为'狐狸老师'。老师其实就是家长与学生之间的'狐狸'。"彭艺解释道,比如有学生因为不太听话被父母责骂了几句,彭艺会当着学生的面,批评家长不对的地方,但私底下会偷偷跟学生聊天,指出他的问题所在。

在彭艺看来,教师和家长、学生应该是永远站在一起的,因为大家的最终目标很一致。

"多年以前我认为教师应该是个标杆,但慢慢地开始觉得教师就是一个矛盾的集合体:想要和孩子打成一片,但又怕威信不够;想让学生们发散思维,却又怕进度跟不上……"

面对一系列的矛盾,彭艺给自己的教育教学设定了几条原则——

一是期待、守望的耐心:应该对任何一个孩子都有期望,在并未达到期望值的时候,我们更应该有一份守望的耐心与决心。孩子是一粒种子,虽然暂未开花,但他日定是一棵参天大树。

二是妥协、坚持的艺术:不能一味地要求,是人都会烦;不能一味地退步,是神也会怒。游离在可商量但不改变原则的状态中,从而让教学游刃有余。

三是严厉、幽默的自然:为师者,一定要坚持遵循以守则管理班级,这是不可动摇的,但也要学会适度地调节氛围、幽默应对。

四是智慧、愚笨的真实:孩子毕竟是孩子,教师不能光做高高在上的孔夫子,还应该俯下身,甚至比孩子更低。是孩子成就了教师,是教师影响着未来。做真实的自己,时刻别忘了自己也曾经是个孩子。

作为思考者,彭艺还在延续前两年的思考:怎样用知识去发展能力?

"学习是一个过程,知识应该是在这个过程中所渗透的东西。课堂真正的形态其实无非是一个环境,孩子们在这个环境中做点事情。这个事情不一定要有很强的目的性，但他们一定会从中得到点什么，这个是润物无声的。"所以，彭艺希望自己能开发出几堂指向生活的数学课。如今的他，对"游戏数学"产生浓厚的兴趣，今年也成立了自己的工作室，并力求开发出几堂课，能利用游戏让学习真实发生。

"我很钦佩一类人，他们能把想法落地，并坚持把一件事做到极致，那就是艺术。"彭艺正在用自己的实际行动，朝着"艺术"的目标不断迈进。

普鲁斯特问卷·彭艺

1. 你认为最完美的快乐是怎样的？

——别人认为你做不到，但自己却总能用别人否定的方式做到。

2. 你最希望拥有哪种才华？

——写作。提笔成章，文章带古人韵味。

3. 你最恐惧的是什么？

——成为自己最厌恶的嘴脸但自己却不知道。

4. 你目前的心境怎样？

——知足。

5. 还在世的人中你最钦佩的是谁？

——没有最钦佩的一个人，但有钦佩的一类人：能把想法落地，并坚持把一件事做到极致。

6. 你认为自己最伟大的成就是什么？

——与女儿一起成长。

7. 你自己的哪个特点让你最觉得痛恨？

——思绪容易被拨动。

8. 你最喜欢的旅行是哪一次？

——2011年，清晨起床才决定。三天时间独自一人走遍了乐山大佛、峨眉山、都江堰、青城山，算是唯一一次说走就走的旅行。

9. 你最痛恨别人的什么特点？

——当面一套，背后一套。

10. 你最珍惜的财产是什么？

——家庭。

11. 你最奢侈的是什么？

——心中无事,脑中空白。

12. 你认为程度最浅的痛苦是什么?

——钱掉了。

13. 你认为哪种美德是被过高评估的?

——团结。道不同不相为谋,只有把一群目标不一致的人聚集在一起,才会天天谈论团结这个词语。

14. 你最喜欢的职业是什么?

——军人。

15. 你对自己的外表哪一点不满意?

——牙齿。哈哈,也不知道算不算外表,有点靠里。

16. 你最后悔的事情是什么?

——房价低的时候没入手。

17. 还在世的人中你最鄙视的是谁?

——出卖朋友的人。

18. 你最喜欢男性身上的什么品质?

——稳重、冷静、运筹帷幄,像电视剧《琅琊榜》里的梅长苏一样。

19. 你使用最多的单词或者词语是什么?

——我的天啊,我的地啊。

20. 你最喜欢女性身上的什么品质?

——贤良淑德。

21. 你最伤痛的事是什么?

——没什么伤痛的事情。

22. 你最看重朋友的什么特点?

——真诚。

23. 你这一生中最爱的人或东西是什么?

——家人。

24. 你希望以什么样的方式死去?

——睡眠中……

25. 何时何地让你感觉最快乐?

——不时会有小目标,而且能经常完成各种小目标。

26. 如果你可以改变你家庭的一件事,那会是什么?

——读书。

27. 如果你能选择的话,你希望让什么重现?

——时光倒流。

28. 你的座右铭是什么?

——做好自己的那一份,剩下的天决定。

懂孩子，是治愈学生"疑难杂症"的良药！

——方霞

方霞：孩子们的爱，是最好的回报

在遂外，像方霞这样的教师似乎可以称得上"老人"了。因为遂外教师的平均年龄不到 30 岁，而她今年已经跨过了 40 岁。

但是，方霞又绝不能被称为"老人"。因为已过不惑之年的她，依旧在工作中表现得兢兢业业、勤勤恳恳，完全没有我们印象中"老人"的闲散姿态。

这其中，遂外带给她的东西似乎为我们找到了答案。

600 公里的距离

"想想自己走过的这四十年，除了时间流逝让人感觉无奈之外，更真心感谢生活，感谢一路走来帮助我、提醒我的那些同事和朋友们。"方霞说。

出生于四川省西昌市一个小山村的方霞，整个童年都是无忧无虑的。蓝天白云，阳光清风，柳絮纷飞，满山坡地奔跑、采花、放牛的画面，至今还能清晰地出现在她的脑海中。

祖祖辈辈面朝黄土背朝天，父母毅然决然让方霞上学读书，鼓励她通过读书改变自己的命运。

高中时，方霞的成绩非常好，视力也特别好。"你去参军吧。"老师这样对她说。

方霞辜负了老师的一番美意,却没有辜负父母的期望。为了缓解家里紧张的经济状况(那时读师范的学生有补助),凭借一股子冲劲,她考上了乐山师范学院的生物专业,成为村里人茶余饭后热议的焦点人物。

父母扬眉吐气,亲人们骄傲与自豪,而方霞当时却对教师这一职业颇有微词。不过,一想到能与孩子们一起成长,心里倒也有了几分安慰。

在乐山师范学院读书的日子里,方霞渐渐明白:"我跟同学们比起来,没有显赫的家庭背景,没有强大的人脉关系,唯一能做的就是努力,努力,再努力!"凭借那份努力和拼搏,方霞在大学期间多次获得奖学金,而且担任了学生会组织部部长,带领其他同学热火朝天地搞文艺活动、外出野炊活动等。

生物专业,大学本科,在那个年代,方霞原本以为自己足以分配到一份"好工作"。

然而事与愿违,1997年毕业分配时,方霞被分配到了西昌市的一所农村学校。面对艰苦的环境,她没有气馁,没有放弃,反而与孩子们打成一片,积极投身课改。她课上带领孩子们徜徉在知识海洋,课下与孩子们嬉戏打闹。在这期间,她参加市级赛课还荣获了一等奖,得到领导、同事的一片赞誉。

但令方霞尤为烦恼的是,自己在西昌工作,爱人却在遂宁工作,两人中间隔着600公里的距离。

"总不能一直这样下去吧。"方霞说。

2008年7月,为了解决与爱人两地分居的状况,方霞与遂外的缘分就此开启。

难以忘怀的那个人

从公立学校到私立学校,二者之间的差异让方霞一度难以接受。

"记得刚到遂外的那一年,上班时间长、工作烦琐、事无巨细……我想过逃避,想过离开。"方霞坦诚地说,"但一想到与爱人两地分居的痛苦,想到每次分别时女儿泪眼婆娑地喊妈妈的画面,我一咬牙坚持了下来。我相信只要努力、用心用情工作,再难的事都不是事。"

回首往事,方霞发现自己当初选择留下是正确的。

"遂外是一个温暖的港湾,所有的遂外人相亲相爱、亲如一家。能够在遂外生活、工作,真的是一件很幸福的事情。九年里,她包容了我的所有,无论是优点还是缺点……"方霞动情地说。

来到遂外后,方霞陪伴着学校的首届学生一直从二年级走到毕业。五年的岁月中,看着孩子们一点一滴地进步,看着孩子们个头儿一点一点使劲往上蹿的时候,方霞感到了为人师表的幸福。

方霞既是学生笔下严厉又有爱的"方老师",也是学生口中亲切的"方妈妈"。

"在课堂上,老师对我们十分严厉。只要你不听话,她就会像一个木头人站在那儿用眼神来秒杀你,让你认真听讲,不许开小差。但她其实是一颗夹心糖,严厉的外表就是硬硬的外壳,温暖的笑容就是包含在里面软软的夹心。"学生何昂洲这样评价方霞。

周子涵是一个很爱吃的孩子,情商极高,只要想吃多余的课间餐时,都会拉着方霞的手说:"再给我吃一点嘛,方妈妈!方妈妈,再给我吃一点嘛!"

刘丁豪是遂外成立之初第一个报名的孩子。从曾经的因不会写"豪"字,把自己的名字改为"刘丁丁",到最后考上自己心仪的学校,方霞见证了孩子的进步与努力,收获了家长的感恩与信赖。

让方霞极为感动的是去年发生的一件事。

去年教师节当晚,方霞的手机没电了。忙完一天的工作回到家,手机刚充上电就响了。手机那头传来的第一句话就是:"方老师,祝您节日快乐!"然后就是一连串嘈杂的声音:"我来说嘛""让我说……"一个个熟悉的声音出现在方霞耳边。电话那端是方霞带过的一群刚毕业的学生。

方霞后来才知道,这群学生在电话亭旁足足等了一个小时,只为亲口跟她说上一句"节日快乐"。学生姚欣程、冯禹皓、周星宇……一大堆人七嘴八舌地讲述着他们到新学校的见闻,以及对母校和方霞的思念。感性的方霞实在无法压抑自己的情绪,哽咽着叮嘱孩子们努力学习,照顾好自己。

"孩子们真挚的爱,是对我辛苦付出最好的回报。"方霞说。

这几年,每逢教师节、中秋节、春节、端午节等节日,祝福短信、祝福电话总会如雪片般涌来。

看到在孩子们快乐成长的时光里,自己成为他们难以忘怀的那个人,方霞那种满足的职业感涌上心头。

家一样的温暖

在遂外的九年时间里,不仅学生、家长、朋友带给她许多感动,学校领导和同事也让她很温暖。

2012年,在一次体检中,方霞意外发现自己子宫里竟有一颗2厘米左右的肌瘤。"一拿到这个结果,我直接蒙了,恐慌,不知所措。"方霞回忆道。

正当方霞感觉手脚无措时,副校长孙丽玲和她进行了一番交流。"孙妈对我的宽慰让我平静了很多,她还专门为我推荐哪家医院看这个病最好,让我早点去看看。"孙丽玲亲切的话语、温暖的眼神,同事们的关心,让异乡漂泊的方霞的心,像一块石头一样落了下来。

当时正是学生报名的时间,孩子们刚到校,校园里一派忙碌的景象。孙丽玲特意安排方霞休息,叮嘱她去看医生。后来,吃药、扎针忙碌了大半年。康复期间,因为每次针灸都要持续一个小时,学校特别嘱咐方霞每天只要上完课就可以去针灸。

"这一切我无法用语言来表达，感恩之情铭记在心。"方霞感激地说。

与感动相伴的是方霞在学校中的认真工作。在遂外的九年时间里，方霞一直担任班导及语文教学工作，同时有八年的时间担任年级组长的职务。

方霞说，自己爱孩子们，能够与他们一起成长，一起度过快乐的时光是莫大的荣幸。她深知，自己肩上还扛着领导的嘱托和无数个家长、朋友的殷切期盼，因此不敢有丝毫懈怠。

于是，方霞深钻课改，从"三环四步"到"三学一论坛"，课堂教学日益精湛；班级管理依托"动车组"策略，学生能力得到锻炼，班级管理更加精细化；年级管理、团队建设以身示范，团队氛围温馨和谐，而且更加人性化。

同事徐儒秋亲切地称方霞为"方姐"。"在工作上，当我遇到无法解决的问题时，她总能给我最好的答案；在生活中，当我觉得委屈和难过时，她总能给予我宽阔的肩膀；作为年级组长的她，能有条不紊地安排好年级的各项工作……虽然有时会听到她说'我好累'，但很快就发现她已迅速调整好状态，继续兢兢业业、一丝不苟。任何困难也难不倒这位可亲可敬的好姐姐！"徐儒秋说。

文静的英语教师唐丽娟，因为不自信，上课的时候总是显得气场不足。一次公开课，为了让唐丽娟快速提升，方霞和她一起磨课。"上一次探讨一次，一共磨了五次，当时真怕磨着磨着她就走了。"方霞事后仍有点担心。对同事的用心最终换来的是唐丽娟的精彩亮相和真诚感激。

作为年级组长，方霞这位"大姐"在帮助团队成员方面做的远远不止这些。"人在一起不算团队，人心在一起才叫团队。"方霞说。

问卷调查中，方霞对以下两个问题的回答令人感慨。

"你最后悔的事情是什么？"

"女儿小的时候我没有好好地陪陪她,一晃眼她都长成大孩子了。"

"你认为自己最伟大的成就是什么?"

"一批批毕业的孩子回校看望我时,看到他们都能积极向上、健康成长,我感觉很欣慰。能陪他们安全、健康、快乐地成长,是我的荣幸,也是我最大的成就。"

如今方霞努力在家庭和工作之间寻找平衡点,让自己的工作更出色,让自己的生活不留遗憾。

> 普鲁斯特问卷·方霞

1. 你认为最完美的快乐是怎样的？

——最完美的快乐，应该是一种从内心涌现出来的精神上的富足，并且有一定的持续性，不能是瞬间的事情。这种快乐可以源于工作中自我价值的实现，或是家庭中与亲人之间的相互信赖、相互欣赏而迸发出来的内心的一种满足。

2. 你最希望拥有哪种才华？

——优雅的气质，所有困难迎刃而解的能力。

3. 你最恐惧的是什么？

——父母老去时，自己不在父母身边，不能很好地尽孝！

4. 你目前的心境怎样？

——有时平和，能包容孩子、学生、爱人及身边的同事，但有些时候感觉自己碌碌无为而焦躁不安。

5. 还在世的人中你最钦佩的是谁？

——杨澜（主持人）。

6. 你认为自己最伟大的成就是什么？

——送走一批批的毕业学子后，翻开相册回想与他们在一起的快乐时光。一批批毕业的孩子们回校看望我时，看到他们都能积极向上、健康成长，我感觉很欣慰。能陪他们安全、健康、快乐成长，是我的荣幸，也是我最大的成就。

7. 你自己的哪个特点让你最觉得痛恨？

——每次考完试强迫自己批完试卷再睡觉。

8. 你最喜欢的旅行是哪一次？

——2014年暑假一家三口的北京之旅。领略古都的韵味与现代化都市的风采，感受时代的变迁以及岁月的更迭。

9. 你最痛恨别人的什么特点？

——拖拉、在别人背后说三道四、拉帮结派之类的。

10. 你最珍惜的财产是什么？

——父母对自己无私的爱以及不求回报的付出。

11. 你最奢侈的是什么？

——一放假就不想做事，想放松自己，时间流逝就是我最大的奢侈与无奈。

12. 你认为程度最浅的痛苦是什么？

——被老公调侃自己某些方面没有做好。

13. 你认为哪种美德是被过高评估的？

——警察为人民服务、大公无私的美德。

14. 你最喜欢的职业是什么？

——作家。用手中的笔记录生活中的点滴瞬间，让自己的存在成为时间长河中一颗耀眼的星星。

15. 你对自己的外表哪一点不满意？

——小腿太粗了，搞得夏天穿裙子都觉得有些吓人。

16. 你最后悔的事情是什么？

——女儿小的时候我没有好好地陪陪她，一晃眼她都长成大孩子了。

17. 还在世的人中你最鄙视的是谁？

——贪官。

18. 你最喜欢男性身上的什么品质？

——责任的担当、大度的包容及温柔的眼神。

19. 你使用最多的单词或者词语是什么？

——我很无语。

20. 你最喜欢女性身上的什么品质？

——优雅、善良。

21. 你最伤痛的事是什么？

——曾经教过的一个孩子读初中时选择轻生，结束了自己如花的生命。

22. 你最看重朋友的什么特点？

——背后默默支持，相互信赖，不离不弃的坚持。

23. 你这一生中最爱的人或东西是什么？

——父母。

24. 你希望以什么样的方式死去？

——在睡梦中平静地死去。

25. 何时何地让你感觉最快乐？

——每年春节，回到老家，陪着父母聊天最快乐！

26. 如果你可以改变你家庭的一件事，那会是什么？

——与老公长达九年的两地分居。

27. 如果你能选择的话，你希望让什么重现？

——母亲的健康。

28. 你的座右铭是什么？

——一个人并不是生来就要被打败的，你尽可以消灭他，但就是打不败他。（海明威）

想要成为孩子喜欢的老师,须先当其"玩伴",再成其学伴。

——周汪

周汪：对孩子要付出"真感情"

"她口齿伶俐，用语言的魅力感染着我，带我走进文字的世界。她和蔼可亲，犹如我们的妈妈，她对我们的爱，如同那深沉的母爱，柔柔地在心间缓缓流淌。"在学生汪冷静的心中，遂外有这样一个让她感觉温暖的存在。

汪冷静眼中那个口齿伶俐、宛如妈妈的人，正是教师周汪。

这样的评价，周汪也许是见得多了，她也"不谦虚"地说："超强的人格魅力让我在学生和同事中'吸粉'无数。我的学生喜欢我，就是因为'严师出高徒'。"

周汪是"严师"吗？她的学生似乎并不这样觉得。

"不偏爱，不放弃"

事实上，在遂外的八年，周汪几乎将自己所有的爱都倾注给了她的学生，"严"只是表象，"爱"才是内核。只是，周汪不会无原则地溺爱。

"不偏爱，不放弃"，这是周汪为自己设定的一条对待学生的准则线。在她的育人故事里，有太多鲜活的案例。

学生小磊是一个瘦小的男孩，由于父母离异，家人对他的照顾比较少，更别论平时抽时间陪他谈心了，长期的亲情隔离导致了小磊性格孤僻。生活中的他在班级中显得很不合群，平时小朋友在一起玩耍，他基本都是独自一人在旁，好像他不是班级中的一分子。

"老师，我不喜欢回家，他们都不理我，我讨厌他们。"孩子的这番话让周汪心里难受。"我要想办法让这个孩子变得快乐，让孩子在我的引领下度过一个快乐的童年。"周汪对自己说。她鼓励小磊："孩子，没有关系，周老师从现在开始就是你最好的朋友，你有什么心里话就跟老师说，老师有什么秘密也告诉你，好吗？"小磊听了这番话很高兴，他觉得自己第一次受到别人如此重视，周汪也第一次从他的眼睛里看到了感动。

父母是孩子的第一任老师，小磊性格问题的根源还是在家庭。为了让小磊爸妈重视孩子的教育，周汪多次给他们打电话，与他们交流孩子的问题，希望他们多陪孩子聊聊天，让孩子回家也能感受到家庭的温暖。多次沟通，终于取得了家人的部分支持，这让周汪更有信心了。因为得到了爸爸的关注，回到学校后小磊阳光了一些，开始主动聊起他在家里的生活情况，或者爸爸对他说的话。

为了树立孩子的自信心，让他在班级中也有成就感，周汪大胆选用他担任家长会上班级节目的主持人。

"科任教师对此表示怀疑，但是我坚持了这一决定，我相信小磊一定能行。"周汪说，为了这次家长会，她带着小磊一遍一遍地练习，从纠正发音到规范朗读技巧，孩子在一次又一次的彩排中获得了自信。班级家长会中，他大胆地站在讲台上，流利地说着主持词，赢得了台下一阵阵掌声。

"我在他的眼神中看到了坚定，也在他爸爸的眼神中看到了惊讶。"周汪说，"孩子就是这样一种容易产生感情的小动物，只要你对他付出了感情，他回报给你的必定是另一片灿烂的阳光。"

小磊离开周汪的班级后，依然对她念念不忘，还给她写来感谢信，寄来小礼物。八年的时间里，周汪遇见了许许多多个"小磊"，他们有的太调皮,有的很冷漠,有的学习和生活习惯差,但在周汪这里,这些疑难杂症都逐一在她爱心的包裹下慢慢消解。

学生汪冷静的这句话,或许是许许多多人共同的心声:"无论我是成功还是失败,我知道我的身后永远有您的支持和鼓励,我将毫无畏惧,勇往直前。"

因人而异的"教育智慧"

同事称周汪为精明干练的"智慧之师"。

她的教育智慧,不仅仅在于一般意义上的"关心学生、爱护学生",更在于她善于根据每个孩子不同的性格与禀赋去"调教",从而让这份爱变得更有价值。

学生小月家庭条件较好,从小发展特长,拉丁舞跳得很不错,可就是胆子有点儿小,做事不主动,每次有活动也不愿意参加。有一次,学校有演出想请她展示一番,她摇摇头拒绝了。

周汪觉得,孩子害怕尝试会影响将来的发展,于是找机会和小月进行交流。后来周汪才知道,原来是因为父母对她期望太高,她压力太大,深恐做得不好而不敢去做。解铃还须系铃人,周汪找准时机和她的父母聊了聊,希望他们给孩子创造一个没有压力的环境。同时,周汪又联系舞蹈老师,让她多关注小月,多和小月聊聊关于舞蹈的事儿,多给她展示的机会,让孩子树立起自信心。

果然,在教师和家长的共同努力下,小月越来越放得开。在之后全校举行的"福娃节"上,她终于一展舞姿,技惊四座。当时坐在台上的父母,激动得不知所措。

很多时候,孩子需要的就是这样一次蝶变。有了这一次展示,小月变得阳光、开朗了许多,她对自己的舞技更增信心,还积极准备全国青少年拉丁舞比赛,去更大的舞台上亮出自己。

"幸亏遇到了她!"父母看到小月的变化,对周汪当初的殷勤帮助与劝诫很是感激。

面对不同的学生甚至家长,周汪总有"新招"。2015 年,带着压力和向往,周汪接到了一个"很好管理"的班,常规习惯上让人省心,孩子们也非常听话。可就是这样一群听话的孩子,成绩却成了周汪的心病。怎么办?

"家长中做生意的较多,平时很少管自己的孩子,但对孩子的成绩都很重视。小君、小 A 的家长就是这种类型的,其中小 A 的妈妈尤为突出。"周汪说,将家长拉到教育孩子的阵营中,对解决这类问题非常重要。

周汪以小 A 为"模板",制定了问题解决的三条策略:一是深情交流,成为孩子的朋友;二是家校共育,浸润孩子的心田;三是树立目标,激发孩子的内驱力。比如,为了和孩子"套近乎",周汪请小 A 每次大扫除时间留下来一起打扫教室的卫生,利用这个间隙和他拉家常聊天,拉近彼此的心灵距离;同时,周汪和小 A 的母亲沟通,让她答应每周抽空在周末陪伴小 A,给他辅导一次作业,和孩子亲密接触;临近期末,周汪给孩子制定了阶段性目标,从低到高,让孩子一步步尝到甜头,重拾信心……

"孩子的世界其实是非常单纯的,在他们的心里,老师、父母就是一切,他们就像小鸟一样需要在我们的呵护下才能变得羽翼丰满,去和坏习惯、差成绩做斗争。有了爱,孩子一定会成长得更好。"周汪这样总结自己的教育经。

成长永远在路上

来到遂外八年了,这里的一切每年都在发生着变化,新的校园环境、新的课改理念、新的同事、新的学生,这全新的一切都牵动着周汪的思绪。她说,唯一不变的就是自己是遂外人,"我心依旧"!

她依旧是那个把遂外当作家的人,依旧是那个把工作岗位当作实现自身价值的平台的人,依旧是那个将学生视若己出的人,像她刚来时那样。

周汪还记得自己初来时的模样,像每一位新老师一样她如饥似渴地学习着学校的管理制度、操作模式、课堂模式,恨不得自己长出三头六臂把这些东西都装进脑袋里,但日子并非一帆风顺。

新学期开始,周汪接手的是一年级,面对一群调皮的孩子和挑剔的家长,周汪觉得"仅有的一点自信也随之动摇"。一学期质量组磨课三次,教研组磨课六次,教研会青年教师每周能力展示……一次次的加班备课,一次次的熬夜打磨,一次次的展示验收,一学期下来,周汪体重直减十一斤,满脸长满痘痘,信心受到严重打击。

"放弃吧!"在最难的日子里,周汪甚至产生了走人的念头。

所幸,同事的鼓励和内心深处那个不服输的自己让她再坚持坚持。她留下来,苦苦钻研三年,终于让自己快速成长,班级成绩近乎每次都是第一。

"我从之前那个失魂落魄的小丫头成长为班务工作中的佼佼者,学科教学中的青年骨干,我很开心,充满干劲。"周汪说。

这份干劲鼓舞她在学校工作中越做越出色,如今,她依旧在课改和育人路上不断摸索。做事风格渐渐成熟,思考方向也更长远。制定民主型班规、建构师生交流站、优化小组管理……她在坚守与创新的路上越走越远。

她把自己的成长归功于遂外这片土地。"成长的道路上有太多太多的故事,有太多的酸甜苦辣,我深信,坚持到现在,并非我的毅力有多强、能力有多大,而是遂外土地上这群人让我眷恋。"周汪说,"这群人敢于承担不计较得失,这群人心往一处想,劲往一处使,这群人就是我身边的兄弟姐妹们,他们有一个共同的名字——遂外人。"

这大概也是每一个遂外人都想对自己,也对遂外的"家人"说的话。

> 普鲁斯特问卷·周汪

1. 你认为最完美的快乐是怎样的？

——拥有健康的身体，亲人均健在。

2. 你最希望拥有哪种才华？

——能歌善舞。

3. 你最恐惧的是什么？

——亲人受到伤害。

4. 你目前的心境怎样？

——用平和的心态接受身边的一切。

5. 还在世的人中你最钦佩的是谁？

——我的母亲。

6. 你认为自己最伟大的成就是什么？

——能够通过自己的努力让身边的亲人过上幸福的生活。

7. 你自己的哪个特点让你最觉得痛恨？

——有些"强迫症"。

8. 你最喜欢的旅行是哪一次？

——去济南看趵突泉，那些原生态的泉水让我看到了人类也该具有那股生生不息的品质。

9. 你最痛恨别人的什么特点？

——做事拖沓，不切实际。

10. 你最珍惜的财产是什么？

——亲人的亲情、朋友的信任。

11. 你最奢侈的是什么？

——爱太泛滥，不会拒绝。

12. 你认为程度最浅的痛苦是什么？

——身体上的伤痛，而不是内心。

13. 你认为哪种美德是被过高评估的？

——信任吧，眼见为实，耳听为虚。

14. 你最喜欢的职业是什么？

——教师，能和学生融为一体，责任感、使命感、荣誉感兼备。

15. 你对自己的外表哪一点不满意？

——嘴巴，一直希望自己能够妙语连珠、出口成章。

16. 你最后悔的事情是什么？

——来不及为离开的学生送上一个拥抱。

17. 还在世的人中你最鄙视的是谁？

——谎话连篇的人。

18. 你最喜欢男性身上的什么品质？

——有作为、敢担当。

19. 你使用最多的单词或者词语是什么？

——没事、再来。

20. 你最喜欢女性身上的什么品质？

——做事干练、为人诚恳。

21. 你最伤痛的事是什么？

——被人欺骗。

22. 你最看重朋友的什么特点？

——做事踏实，能够为朋友两肋插刀。

23. 你这一生中最爱的人或东西是什么？

——爱我的人，吾亦怜之。

24. 你希望以什么样的方式死去？

——平静的、没有痛苦的方式。

25. 何时何地让你感觉最快乐?

——步入工作岗位,站上讲台的第一天。

26. 如果你可以改变你家庭的一件事,那会是什么?

——让妈妈不要生病,拥有一个健康的身体。

27. 如果你能选择的话,你希望让什么重现?

——希望我生病的学生能完好无缺地出现在我面前。

28. 你的座右铭是什么?

——没有做不好的事,只有不会付出的心。微笑面对你我他,生活不会让你失望。

孩子的心灵是块奇妙的土地,用真诚耕耘,将真情播撒,终会迎来似锦繁花!

——伍雁

伍雁：坚守在三尺讲台

"她身材娇小，骨子里却有着一种和身材极不相称的韧劲。她处世平和，做事时却有着一种令人钦佩信服的干劲。她就是我们的'雁子'。"同事口中亲切称呼的"雁子"，就是遂外教师伍雁。

"2007年那个美丽的秋天，牵着三十双稚嫩的小手，我正式拥有了那个梦想中的名字——'老师'。"遂外一建校，伍雁便来到了这里，开始了自己人生的梦想之旅。十年时间，她一直陪伴着遂外，见证着遂外的成长和发展，因此称她为遂外"元老级"教师一点都不为过。

遂外的工作节奏比较快，从来到这里起，伍雁便过上了早出晚归、披星戴月、与家人聚少离多的生活。"在这里工作以后，家对于我来说基本上就是一个晚上睡觉的地方。"伍雁说。

有付出就有收获。十年的时间，伍雁由一名普通的年轻教师成长为学校优秀班主任、学校名师工作室成员、区级赛课"一等奖"获得者。她说，在追逐梦想的路上，有些东西一直陪着自己前行……

喜欢被需要的感觉

2007级3班是伍雁作为班主任带的第一个班。"他们活泼聪明，是一群天真善良、充满灵性的孩子，我永远也忘不了和他们在一起的点点滴滴。"伍雁说。

每当下课后,总有孩子迫不及待地跑到伍雁面前,眨巴着大眼睛说:"老师,辛苦您给我们上课了!""雁子妈妈,保护好嗓子,不要太辛苦了!"学校大扫除,伍雁爬到窗台上擦玻璃时,学生争先恐后地挤到窗台下边,伸出小手接着,害怕她摔下来。下课后伍雁累了,几十双小手抢着给她按摩……"每当看到他们认真的样子,一种说不出的滋味顿时涌上心头。"伍雁回忆道。

还有一件事令伍雁印象极为深刻。2008年汶川地震,人按照本能,尤其是那么小的孩子,应该在危险的时候拔腿就跑,但是当时这些一年级的孩子,却在不停地喊"老师快跑"。到了操场,好不容易消除了心里的慌张,孩子们第一件事就是问问同学怎么样,老师怎么样,他们还关心教室里班级的荣誉物品会不会损坏。

"想到这些,纵使繁重的教学任务和各种活动压得人喘不过气,工作再苦再累,我也要咬紧牙关扛下来!"伍雁说。

2010级1班是伍雁当妈妈后带的第一个班。他们与原来3班的孩子有很多不同,生活上很安静,学习上比较被动,每次考试后的成绩都像伍雁开玩笑说的那样"不忍直视"。

"那时候我真是有点儿着急,但生完孩子后我完全明白了:每一个孩子都是妈妈心中的天使,我完全懂得了孩子对于一个家庭是多么重要!"于是,伍雁选择了等待,在煎熬中重建,在历练中成长。她相信,只要自己坚持不放弃,只要孩子们和自己一起努力,总有一天,他们会开出鲜艳的花。

几年的时间里,这帮孩子一直在进步,他们逐渐变得活跃、大胆、自信,学习成绩与特长都朝着理想的目标发展。"孩子们能力上的提升让我感到欣慰,他们情感上的丰富更让我感到幸福。"伍雁回忆道。

学生多多一家计划到新疆生活,爸爸妈妈已经为他安排好了学校,可他怎么也不肯过去。他说："我舍不得遂外，舍不得这里的老师和同学。"那个周末，多多目送妈妈牵着妹妹的手踏上去新疆和爸爸团圆的旅途，并嘱咐他们："你们放心吧，我一个人在这边不会有问题的，因为这边有老师和同学陪着我……"

还有学生羊羊，他的爸妈在浙江杭州打拼，决定在那边定居。为了给儿子最好的教育，他爸爸联系好了当地最好的学校，可最终，羊羊还是选择了留下。

"忘不了多多给我的深深拥抱和一定要留下的坚决神情，忘不了羊羊与我交谈时止不住的泪水，忘不了他们与父母沟通时的苦苦哀求……他们，让我感受到什么是被需要的幸福！"伍雁动情地说。

"为了孩子"是伍雁发自心底的声音。在这两个班之后，她又接了2014级6班，开启了自己新的征程……

"一二年级注重倾听，三四年级注重能力培养，五六年级则是成绩和能力一起抓。"工作十多年的伍雁已经总结出许多经验，凭借这些经验，即使是"差班"，伍雁也能让它转变得越来越好，这让许多同事赞叹不已。

一拨拨的教师来了又走了，而她仍坚守在遂外的三尺讲台上。

担忧与感动并存

在遂外这样的寄宿制小学，担任班主任的伍雁总免不了与家长打交道。其中"风风雨雨"不断，但有两件事让伍雁无法忘记。

有一天晚上，一个学生的妈妈打电话告诉伍雁，家里发生了许多事情，千万不要把孩子交给她爸爸。而孩子的爸爸也打过来电话，让伍雁把孩子交给他。

遂外家长在接送孩子时，都要出示一个凭证——接送卡。凭借这一依据，伍雁按规定把孩子交给了她妈妈。

得知这一消息，孩子的爸爸竟然打过来电话威胁说："我要找你们学校的麻烦，我要找你要我的女儿！你等着！"

电话这头，伍雁充满惊恐，但还不忘安慰孩子的爸爸："学校有相关的规定，希望您理解一下，而且我们也都是为了保护孩子……"而在这通电话之后，伍雁因为惊恐和委屈，在角落里偷偷哭了好一会儿。这件事最终在学校领导的干预下得到了妥善解决。

另一件事则至今仍让伍雁至今仍充满感动。

遂外是寄宿制学校，每到周五固定的时间，家长们都会来接孩子，一来二去，有些家长还和伍雁成了知心朋友。有的家长不仅和伍雁聊孩子的学习、生活状况，还会和伍雁聊他们自己的工作、生活，向伍雁倾诉自己的烦恼。

有一次，伍雁因为连续上了太多课，加上处理班级事务，嗓子开始变得嘶哑，到周五家长接孩子的那天，她几乎都说不出来话了。

有个女家长发现了这个问题，向她简单询问了几句。没过一会儿，这位家长再次出现在她面前时，手里拿着金嗓子喉宝。

这份关怀，难以用语言表达，但伍雁内心洋溢着感动和幸福。

在10年的班主任生涯中，伍雁与家长之间发生了许许多多的故事。而她在这个过程中，也学会了如何与家长"打交道"。

相亲相爱一家人

孩子们一天天长大，伍雁也一天天进步着：从被班级问题困扰无计可施到现在的游刃有余，从被家长恐吓得只能躲在卫生间悄悄哭泣到现在的从容应对，从普通教师到年级组长，从课堂上的信马由缰到红烛杯教研课大赛一等奖……一点一滴的进步，无不伴随着一些鼓励的语言和加油的声音。

"刚接任年级组长的那段时间里，我每天都很忐忑，因为我很年轻，觉得自己不配坐到那个位置。我缺乏经验，怕拖其他同事的后腿……"就在伍雁手足无措、忐忑不安的时候，有一位与她同校几年但工作几乎没有交集的同事走到她面前说："你现在要自信起来，不要去管别人怎么说，我觉得你很优秀。以后年级上有什么事情，你跟我说一声就行，如果有些事情你不知道怎么办，我可以帮你出出主意……"同事的开导和鼓励，给了伍雁很大的信心，更让她知道应该怎么做。

"哎呀，这个有什么嘛，放开去做。""别怕，分数有什么嘛，我教的班从来都不是第一名，也没有人说我不会教书，你就坚持做自己认为正确的课改。""有个省级的研讨活动要在我们学校举行，到时要给专家展示两堂教研课，你准备一下吧。"……在伍雁的记忆中，不管大事小事，到校长李启书那里都不是事。"在他的鼓励和帮助下，我对自己的课堂更加充满了信心，也获得了许多的展示机会。是他为我搭建了教研的平台，把我引入课堂的钻研之路。"伍雁说。

"你们都不要走，要走也要等我离开这儿你们再走，否则你们就是在我的心头挖肉！心痛，更舍不得！"副校长孙丽玲对伍雁说过许多话，而这句是她听来最沉重的。"每一次磨课，她会跟我分析课堂上的每一句话，从构思到过渡到语气、语调；每一次遇到难题，她会把自己几十年的经验毫无保留地与我分享，给我指导；每一次生活中的困惑，她也会为我一一分析，告诉我应该怎样应对。"伍雁感慨地说，"她教给我的不仅有工作，还有做人。"

还有一个人，严厉起来让伍雁心生畏惧，可好起来又让她心里特别温暖，这个人就是课程处主任罗丽。"这个过渡语显得生硬，不行。""那我不管，反正要给我弄好。""上得不错啊，丫头。""别在乎别人说什么，走好自己的每一步，青春照样焕发光彩。"……罗丽的话，深深地印在了伍雁的脑海中。"磨课、赛课的那段时间里，她总是陪着我到很晚很晚，每一句话，每一个细节，磨了几次，她就跟踪了几次。"伍雁感激地说。

在伍雁的脑海中,遂外的领导和同事们这样的鼓励和安慰还有许多许多。

"在遂外的每一天虽然很累,但感觉很充实。这个大家庭里的每一个人总能在不经意间给我带来幸福与温暖:生病时,有人嘘寒问暖;忙碌时,有人共同分担;迷惑时,有人指引向前……"伍雁打心底里喜欢这份工作,"当老师有被需要的感觉,不是其他职业的物质奖励所能代替的"。

普鲁斯特问卷·伍雁

1. 你认为最完美的快乐是怎样的？

——世界和平，家人都在，身体健康，有所期待。

2. 你最希望拥有哪种才华？

——拥有超能力。

3. 你最恐惧的是什么？

——天灾人祸。

4. 你目前的心境怎样？

——平和、满足。

5. 还在世的人中你最钦佩的是谁？

——我的妈妈。

6. 你认为自己最伟大的成就是什么？

——拥有一个温馨的家。

7. 你自己的哪个特点让你最觉得痛恨？

——动作慢。

8. 你最喜欢的旅行是哪一次？

——各有特色，以后的应该会更喜欢。

9. 你最痛恨别人的什么特点？

——假、大、空。

10. 你最珍惜的财产是什么？

——家人。

11. 你最奢侈的是什么？

——家人。

12. 你认为程度最浅的痛苦是什么？

——感冒算吗？

13. 你认为哪种美德是被过高评估的？

——口才好。

14. 你最喜欢的职业是什么？

——与爱有关的职业。

15. 你对自己的外表哪一点不满意？

——眉心正在长的这颗痣。

16. 你最后悔的事情是什么？

——好像没有，只是有些遗憾。

17. 还在世的人中你最鄙视的是谁？

——没有真本事夸夸其谈的人。

18. 你最喜欢男性身上的什么品质？

——善良、包容。

19. 你使用最多的单词或者词语是什么？

——嗯嗯。

20. 你最喜欢女性身上的什么品质？

——善良内敛。

21. 你最伤痛的事是什么？

——爸爸生病。

22. 你最看重朋友的什么特点？

——真。

23. 你这一生中最爱的人或东西是什么？

——家。

24. 你希望以什么样的方式死去？

——活到子孙安家立业没有牵挂的时候睡一觉就不再醒来。

25. 何时何地让你感觉最快乐？

——有喜欢的人在的地方,有喜欢的事做的时候。

26. 如果你可以改变你家庭的一件事,那会是什么?

——曾祖父的接班人是爷爷,那样爷爷的一生就会过得更好一些。

27. 如果你能选择的话,你希望让什么重现?

——有爷爷的日子。

28. 你的座右铭是什么?

——经常都会变。最近是"心若在,梦就在"。

悦纳学生，研究学生，激励学生，做心中有"生"、眼中有"学"的智慧教师！

——袁涵彬

袁涵彬：和遂外一起慢慢变老

袁涵彬没有想到，翻看自己多年以前的日记本，上面赫然写着当时的梦想——到私立学校当英语教师。

出生于1987年的袁涵彬，目前是遂外低学段的一名英语教师，同时也是英语组教研组长，现在这份令她满意的工作和当时的梦想竟是如此一致。

这可能就是她和遂外的缘分。

相遇

袁涵彬大学读的是英语师范专业，在她心中，英语的地位至关重要。

"初中时候英语考试，满分150分的试卷我一般能考140分左右。"这样的"殊荣"和"天赋"让她倍感欣喜。英语在她成长的道路上给了她许多信心，报考大学专业时，袁涵彬毫不犹豫地选择了英语专业。

2010年，刚刚毕业的袁涵彬在实习的培训学校上课。

"虽然同样是教师，但从心底还是期待担任常规学校的英语教师。"袁涵彬直率地说。

当年8月底，当得知遂外需要一名英语教师的消息后，她带着兴奋与忐忑，上了一节20分钟的应聘课。

那天下午，她便接到学校通知报到的电话。

当时的那份激动，袁涵彬到现在都记忆犹新，她尖叫着告诉父母这个喜人的消息。

"因为我靠自己的实力拥有了人生中第一份正式的工作。在私立学校上班是我梦寐以求的事情，再加上之前对遂外有所耳闻，对这所学校的憧憬自然无以言表。"回忆起当时的情景，袁涵彬仍充满激动。"在这里，没有所谓的'关系户'，没有'做'与'不做'，只有做得'好'与'不好'，这正是我想要的舞台！"她肯定地说。

初识

如今，在许多同事看来，袁涵彬是优秀的：有丰富的教学经验，能胜任各级领导安排的任务，大大小小的表彰中几乎都能看到她的名字。

"这一切，确实是对我的一种肯定，然而这当中的苦与累，也如人饮水，冷暖自知。"袁涵彬感慨地说。

2010年，作为新教师，袁涵彬感到幸运的是，她没有经历"过五关斩六将"的笔试、面试环节——这是遂外教师极其严格的考核流程，在当下仍令许多教师"闻风丧胆"。

但同时比较遗憾的是，袁涵彬没有经历暑期的培训。对于一个刚刚毕业的大学生来说，这无疑让她在工作时面临巨大的压力和挑战。

"与其他新教师相比，我需要加倍努力。"袁涵彬说。"勤奋"和"好问"成了她在这个阶段的两个关键词。

在遂外，"福尼斯英语"是学校英语教学采用的主要方式。什么是福尼斯英语？它是从澳大利亚引进的一套全面系统的语音教学体系。它不读字母、不学音标，从语音入手，培养学生的语音意识，使学生见词能读、听音能写，很快进入大量阅读，在阅读中积累英语知识，熟悉英语文化，并以此为基础，全面发展听、说、读、写能力。

入职之前，袁涵彬对福尼斯英语基本没什么了解。马上就要用到了，怎么办？

"那时候，晚自习我基本没有提前走过，用一周的时间自学完福尼斯英语音图的发音，用一个月的时间学习福尼斯英语的规则和方法。"袁涵彬说。

刚开始，袁涵彬就负责四年级的英语教学。一有时间，她就开启自己的"好问"模式，请教身边的同事和学校安排的师傅，咨询福尼斯的相关规则。更为麻烦的是，"我所教的两个班使用的是不同的教材"。所以袁涵彬一边听同年级教师的课，同时还要跨年级听课。这无疑增加了袁涵彬的教学难度。

除了这些"手段"，袁涵彬还曾偷偷向学生"学艺"。"我会以挑优生考查发音为幌子，来检测自己的发音情况。"回忆起自己的"小伎俩"，袁涵彬仍忍不住偷偷笑。

总之，这段时间，袁涵彬通过各种途径来提升自己，努力让自己在学生面前自信起来，让自己的教育教学获得各方面的认可。

磨炼

2011年，袁涵彬到低学段教二年级学生福尼斯英语。出于对福尼斯英语的热爱，这一年的教学基本算是如鱼得水。

但福尼斯英语在学校落实的过程中仍存在许多不理想的状况，怎么办？袁涵彬和同事们为此深感烦恼。

"我们英语组当时二十多人，每周二晚自习后留下来针对各种问题进行讨论，经过数次讨论和实际验证，最终确定福尼斯英语的5A模式。"面对英语组每个成员点滴积累的成果，袁涵彬仍充满了感动。

"那时的我们很苦很累，但是在充满凝聚力的团队里，一边做好教学，一边还学会了与家长交流沟通。这一年我得到了超乎自己想象的认可,这无疑再一次证明了这里没有所谓的'关系',只有'努力'与'拼搏'。"袁涵彬说。

2012年是遂外英语大变革的一年。3—6年级全部更换教材,全体英语教师对阅读课的教学初探、模式定性等方面进行了一系列的研究,袁涵彬也不例外。

"福尼斯名师工作室"成立于2013年,一直致力于研究学生英语拼读能力的提升。作为工作室的负责人,袁涵彬深知做这项研究不是一个人能完成的。

"福尼斯5A教学模式是工作室所有英语教师智慧的结晶,从成型到实施再到推广,已经培养了众多英语人才。然而不能否认的是,再好的教学模式也有不完美之处。"袁涵彬和遂外的众多同事一样,对过往的成绩和经验总在不断反思和改进。

这一年,福尼斯名师工作室共拟出4个研究方向:任务分层、活动设计、学生拼读能力和课堂节奏及容量。最终,工作室凝聚了11名成员的集体智慧,精心打磨出一堂精品课,解决了前阶段福尼斯课堂中出现的种种问题,也达到了他们预期的目标。

2014年,遂外英语组面临前所未有的人才危机,袁涵彬被推到了副教研组长的位置。"面对这样一个肩负重任的角色,那时青涩懵懂的我充满了担心和害怕,唯一还保留的优势就是'初生牛犊不怕虎'的勇敢。"在学校领导的指导下,在英语组的共同努力下,袁涵彬总算撑起了一片天,风雨过后总算见到了彩虹。

"看看现在的自己,成长如此之快也得益于那段难熬的日子。"袁涵彬说。

就这样,通过一步步努力,2014年至2016年,袁涵彬担任五年级英语质量组长、六年级年级副组长。而2016年至今,她担任英语组教研组长。这些职务,让她的工作又忙碌了不少,加班几乎就是家常便饭。

对于一个 30 岁左右的年轻人而言，这样的压力和责任无疑是巨大的。

"最长的时候连续上班达到一个月，一天假没请。收获就是一次性减肥 4 公斤，没花一分钱。"谈起自己繁忙但有意义的工作，袁涵彬打趣地说。

羁绊

在遂外，每个人都身兼数职。他们是教师，有的教语文，有的教数学、英语、音乐、舞蹈、体育；他们是父母，比家长还关注学生的成长；他们是清洁工，做卫生都照着创建卫生城市的标准；他们是保姆，每一分钟都贴身照顾着学生；他们是侦探，侦破一起又一起学生之间发生的"案件"。

"来到遂外之前，我都不知道自己还有如此潜力。"袁涵彬说道。

"袁老师是个负责任的老师，作为英语老师，她在教学上一丝不苟、精益求精；作为副班导，她雷厉风行、井井有条，有她的地方就有琅琅的读书声，有她的地方就有欢声笑语，有她的地方就有团结奋进。"2016级 5 班学生夏子涵如此评价袁涵彬。

这样的高评价，袁涵彬绝对当得起，因为她做的比这些更多。

袁涵彬坚持每月和学生家长电话或者 QQ 沟通一次，做到有问题随时沟通交流。"在家长面前，我们不能一味地迎合，而应该真诚地去沟通，去发现孩子身上的优缺点。"袁涵彬还坚持每周五下午 4：30 和每周日下午 5：00 与家长当面沟通，让各位家长了解孩子在校的学习情况，并且主动与家长交流教育孩子的方式方法。通过这种方式，袁涵彬取得了家长的肯定与信任。

"2014 年袁老师比较忙，因为她在原本的工作之外，还接受了部分英语教研组的工作，但她依旧每一样事情都要亲力亲为，兢兢业业不敢放松。那年学校"福娃节"活动准备阶段,她怀孕了,但她仍然脚步速度不减地穿梭于办公室与教室之间。"同事回忆道。

2015年,袁涵彬又客串了近4个月的班导,此时她的孩子才几个月大。"父母、自己、孩子轮着生病,自己除正常教学还身兼班导和五年级英语质量组长的职务。感觉天都要塌了,找不到一个出口。"想起当时的艰难状况,袁涵彬说道。

而在此前,由于她工作繁忙而无暇照顾孩子,公公婆婆感觉这样下去也不太合适。

当时,副校长孙丽玲对袁涵彬说的两句话让她终生难忘:第一,父母在慢慢变老,看到脆弱的你们,他们如何放心,作为年轻的你们必须坚强;第二,无论是家庭还是工作,都要做好自己的本职工作。在家庭中扮演好女儿、妻子、母亲的角色,不能让家庭积累矛盾;在工作中担当好自己的角色,踏踏实实做好每一件事情。

"在最迷惘的时候,这样一位给予关怀和建议的长辈的话,无异于雪中送炭。"谈起这件事,袁涵彬仍心生感激。

袁涵彬慢慢地学会了调整工作和家庭的关系。如今父母健康,孩子茁壮成长,自己和爱人工作稳定,公公婆婆对她也理解了不少。这样的生活让袁涵彬感到很满意,心态也平和了不少。

"怎么评价自己在遂外的这几年?""累并充实着。"谈起那段磨炼自己的经历,谈起遂外的点点滴滴,袁涵彬这样说。

有人说,选择一份工作就是选择一种生活方式,在袁涵彬看来的确如此。七年来,遂外"虐"她千百遍,而她却说,自己现在能想到最浪漫的事,就是和遂外一起慢慢变老。

普鲁斯特问卷·袁涵彬

1. 你认为最完美的快乐是怎样的?

——一家人快乐地生活在一起。

2. 你最希望拥有哪种才华?

——写一手好字。

3. 你最恐惧的是什么?

——全世界只剩下我一个人。

4. 你目前的心境怎样?

——父母健康,孩子茁壮成长,自己和老公工作稳定,所以对目前的生活很满意,心态很平和。

5. 还在世的人中你最钦佩的是谁?

——我妈妈。

6. 你认为自己最伟大的成就是什么?

——拥有一个和谐的家庭和一份稳定的工作。

7. 你自己的哪个特点让你最觉得痛恨?

——有时候处理事情优柔寡断。

8. 你最喜欢的旅行是哪一次?

——2016年自驾游去峨眉山看日出和云海。

9. 你最痛恨别人的什么特点?

——欺骗和自以为是。

10. 你最珍惜的财产是什么?

——我的工作。

11. 你最奢侈的是什么?

——买了金手镯金手链,戴差不多一个月就放那里不再戴了。

12. 你认为程度最浅的痛苦是什么？

——自己由于工作忙，周一到周五不能与在同一个城市居住的儿子见面。

13. 你认为哪种美德是被过高评估的？

——对乐于帮助陌生人这种美德，我觉得社会上有所高估。

14. 你最喜欢的职业是什么？

——作家。

15. 你对自己的外表哪一点不满意？

——个子不高。

16. 你最后悔的事情是什么？

——快30岁了，还没开我想要的服装店。

17. 还在世的人中你最鄙视的是谁？

——念大学时正好遇到地震，教我们阅读的老师发现后，自己第一个冲出教室，一点都没有提醒我们或者关心我们的安危。

18. 你最喜欢男性身上的什么品质？

——睿智，包容，善良。

19. 你使用最多的单词或者词语是什么？

——哎！真的吗？太好了！谢谢。

20. 你最喜欢女性身上的什么品质？

——有涵养，有品位，平易近人。

21. 你最伤痛的事是什么？

——学业和工作都挺顺利的，相比较而言可能结婚的时候家庭有一些小问题。

22. 你最看重朋友的什么特点？

——无所求的交往。

23. 你这一生中最爱的人或东西是什么？

——最爱的人是我妈妈和我儿子。

24. 你希望以什么样的方式死去?

——安详地老死。

25. 何时何地让你感觉最快乐?

——2014年11月21日在遂宁市第三人民医院我儿子出生那一刻。

26. 如果你可以改变你家庭的一件事,那会是什么?

——换一个超级大的房子,让父母和我们住在一起。

27. 如果你能选择的话,你希望让什么重现?

——大学生活。

28. 你的座右铭是什么?

——以前读书的时候座右铭是"人不犯我我不犯人,人若犯我我必犯人"。现在的座右铭是"予人玫瑰,手有余香"。

用微笑包容孩子,用激情感染孩子。做幸福教育,享智慧人生!

——丁维玲

丁维玲：做一米阳光

舞台上，她是轻拢慢捻、多才多艺的演奏者和舞者；生活中，她总能用艺术的眼光观察一切平淡无奇的事物，而走进她的课堂，你则能遇见一个更美好的世界。

有时候，你很难对她的角色进行准确定义。她是音乐教师，是金牌导演，是开心果儿，是贴心管家，是霸气总裁……但确切地说，这些都只概括了她的部分特点。

1985年出生的丁维玲，在同事嘴中总有多元的角色描述。在综合组，大家都说，在人群中总是发出银铃般笑声的那位一定是她。她是一朵永远绽放着的智慧奇葩，总是那么活力四射。而她自称是一个典型的"乐天派"，一个"灵活的胖子"。她是个喜欢唱歌的女孩，钢琴、古筝和各种打击乐器在她的手里都玩得游刃有余。

与大多数来遂外的教师经历一样，2008年冬天，丁维玲几乎是顶着家人的种种压力加盟遂外的。尽管大四上学期她就曾来遂外实习，并深深地喜欢上了遂外的工作氛围，但家人并不支持她到私立学校工作。

难忘的学习之旅

丁维玲对七年前的一次学习经历至今念念不忘。她自己将这一年定义为自己专业觉醒的关键年份。

时间回到 2010 年 12 月 12 日，丁维玲在这一天来到成都踏上了国培之路。这是她毕业以来，第一次参加系统而专业的培训。

在这里，她接受了为期一个月的专题培训。她第一次接触到了全国赛课一等奖老师的现场教学，她理解了音乐教育最重要的不是"技术"，而是"感受"。这样，才能让音乐打动人。音乐教师应具备一种"美"的素质，包括人格魅力、学识魅力、教学魅力、风度魅力。"以此为核心的新课程理念在我心中第一次变得如此清晰。"

丁维玲在这里认识了全国数一数二的合唱指挥老师，更认识了中国音乐学院李旦娜教授。这位年近 80 岁的老人身上的活力，深深触动了丁维玲。在李旦娜教授的授课中，她真正感受到了奥尔夫音乐教育的奇妙。每天她不只是认真听、努力记，还用心参与，模仿每一个动作，不轻易放过任何一个细节。丁维玲坦言："这次培训改变了我，希望有一天自己老了，也能像李旦娜教授那样活出自己的样子。"

这一年学校的"福娃节"，丁维玲将奥尔夫音乐课堂上的表演《快乐的律动》搬上了"福娃节"的舞台，用筷子和凳子打节奏，用篮球打节奏，用身体律动打节奏，最后全校一起律动，整个表演一下子震撼了全场。

2015 年学校派丁维玲到北京学习合唱。你一定能想象到她那种认真的态度。

据说，最不喜欢写作文的丁维玲，在小学时"一支钢笔"的作文素材从小学三年级用到了六年级。但是她在北京学习期间撰写的音乐教学论文竟然在《中国音乐教育》杂志上发表。每每提及此事，丁维玲都有掩饰不住的自豪。

"一问一课一法一文"方法是丁维玲从培训中学到的音乐学科的教研方法。几个简单的词语从根本上概括了教研的途径与方法，应用到具体的工作中，很好地提升了综合组的教研能力。

一问：音乐教师要乐于对自己的教育教学水平进行自我追问，在追问中发现自己在教研中存在的问题，并善于对问题与困惑进行甄别，选择对自己当下工作发展有价值的问题进行研究，这是音乐教师教研能力提升的重要方法。

一课：从形式上看，"一课"是"一问"的实践与载体。其本质意义在于，音乐教师带着问题进入课堂，把常态的课堂教学行为变成研究教育教学的过程。而在反复的课例研究中，教师对问题本质的认识越来越清楚，解决问题的思路越来越明晰，教学方法越来越有效。这是一个"认识——实践——再认识"的飞跃过程。在这一过程中，每位音乐教师的教育智慧都会不同程度地得到提升。

一法：教师要培养自己的一种能力，即从方法的角度，遵循教育教学的规律，总结自己对"一问"的研究实践所得。这有助于提高自己对教育实践的认识能力，有助于提高自己的课堂教学能力，有助于提高自己的教育研究能力。

一文：面对问题和实践，坚持每天记录下自己的实践感悟，一学期写一篇高质量的音乐教育教学论文，这对于每一位音乐教师的教研能力的提升是一件非常有意义的事情。

"一问一课一法一文"教研法让丁维玲成长得很快，她在探索实践中逐渐形成了自己的教学风格。

做妈妈之后的改变

2013年，被丁维玲看作生命中收获最丰的一年。这一年她做了母亲。成为人母，"孩子"这个词，在自己的认知里忽然变得如此有生命的质感。从自己的孩子出发，她开始对儿童有了新的发现和认识，她变得比以前更加细心、热心、有耐心。

"真的要停下来多一些读书了!"丁维玲像是在自言自语。

"为什么会有这样的感叹?"

"因为作为妈妈,我希望给自己的孩子当好人生的第一位老师。"这话道出了一位母亲的责任和认真。

在综合组,与家长交流沟通最多的就是丁维玲。作为器乐老师和副班导,她能喊出班上每个孩子的名字,还认识每一个孩子的至少一位家长。如果没有勤奋之上的用心,要做到这些是很难的。

学生小丫曾经是一个让班主任很是抓狂的问题学生。有一段时间,孩子来到学校就哭闹,这让班主任和科任教师很是头疼。丁维玲就协助班主任解决这一难题。丁维玲后来观察到这孩子其实很聪明,问题是家长娇生惯养,孩子比较任性。丁维玲就试着与她接触。曾经有几天,丁维玲每天晚上都到寝室查看,掌握孩子的日常生活情况,然后慢慢坐下来与孩子谈心。其间,丁维玲和班主任围绕这个孩子想了不少办法。为了不断督促小丫进步,带动班风建设,丁维玲没课的时候就到班上与孩子们一起听课。到了期末,小丫和整个班的变化让科任教师都竖起了大拇指。

与孩子之间的故事还有很多。让丁维玲念念不忘的还有那个叫她"丁妈"的小男孩。

小男孩有一个特点:非常敏感,不允许别人对他有任何侵犯,否则就会暴力攻击别人。班上难免有同学会去逗他或挑衅他,于是,摩擦和冲撞屡有发生。丁维玲作为班上的副班主任,就承担起了化解冲突、引导小男孩正确地与同学相处的责任。"我主要是先站在他的角度来思考,然后再引导他换位思考。"慢慢地,小男孩学会了克制自己,学会了理解别人,当然也学会了与同学们友好地交往与相处,真正融入了这个班级。

后来,与小男孩的交往越来越多,有一天小男孩竟然微笑着叫了一声"丁妈"。"一声丁妈让我感动不已。"

相信每个孩子都愿意学会，都能学好。这是丁维玲秉承的教育理念。她用自己的行动，用真实的教育故事诠释了自己信奉的理念。

有丁老师的地方就有阳光

丁维玲一直想走出自己的一条路。

她总结自己的成长历程，找到了一个关键词——机会。她说，领导放手，教师才有机会。

最初，丁维玲只能教音乐，后来经过不断学习，也能教舞蹈，后来又成为学校"福娃节"舞蹈节目的指导教师。丁维玲很努力。她曾经上过一节公开课，为了营造音乐里的情境，她将教室布置成农场的样子，可谓匠心独运。这节课后来荣获遂宁市河东新区红烛杯赛课一等奖。

她的努力和优秀，一直被领导和同事看在眼里。年纪轻轻的丁维玲被任命为综合组组长，2016年秋又担任教研组长。这里面有领导的信任和欣赏，但更重要的是，她带着一颗时刻准备着的心，去学习，去不断提升自己的专业素养。

丁维玲心中一直有一个榜样，就是她身边的钟恒。"学习她的勤奋好学，学习她做事的态度，学习她关注细节的习惯。"丁维玲说道。

"我不愿意永远只会一样东西，要不断突破自己，我们终究要面对自己的孩子。"这是N年以前丁维玲说给自己的话，也是她给自己的职业生涯定的基调。

学习不仅仅是自己的事情。作为综合组组长，丁维玲一直努力把这个小团队建设成一个学习型组织。如今，每周一和周三晚上7：00－8：30是综合组的专题学习时间。她采取的策略是成员之间相互教、相互学。由此，综合组的团队氛围"简单、和谐、向上"，也成了遂外教师团队的一道风景。

在同事心中，丁维玲是一个热心肠，是一个闲不住的大姐。她总是有用不完的热情，操心综合组，操心年级组，大到学校各种活动，小到同事之间的感情问题，甚至为大家购买早餐，准备各种聚餐的食品……只要有人需要，她就永远都不会说不。

她有无限的创意，工作中永远有用不完的点子，还永远保持着学习的动力，把握各种外出学习和自我提升的机会。在丁维玲的生活里，或许，音乐是一种比其他任何形式更有力量的语言。她喜欢和孩子们一起唱歌，喜欢和孩子们一起弹琴，喜欢与孩子们在一起畅谈未来，告诉他们快乐学习，告诉他们幸福生活的本质就是简单！

学生罗曾斯羽说："丁老师能歌善舞，特别是弹得一手好琴。每当来到古筝房边，丁老师的琴声便会把你带入神奇的世界。一会儿仿佛置身世外桃源，感受蓝天白云和清新的空气；一会儿又仿佛听见波澜壮阔的大海那起伏的潮水声。丁老师的琴声妙不可言，每一个旋律都拨弄着我的心弦。"

"有丁老师的地方就有阳光。"同事心目中的丁维玲是一个"开心果"，而学生心目中的丁老师就像那一米阳光，给孩子和身边的人以温暖。

普鲁斯特问卷·丁维玲

1. 你认为最完美的快乐是怎样的？
——做自己喜欢的事情又不挨饿。

2. 你最希望拥有哪种才华？
——事情太多的时候想要分身术。

3. 你最恐惧的是什么？
——没有事情可以做，闲得发慌。

4. 你目前的心境怎样？
——享受工作和生活的幸福感。

5. 还在世的人中你最钦佩的是谁？
——思维敏捷、处变不惊的人。

6. 你认为自己最伟大的成就是什么？
——选择了让自己动力十足的教师工作。

7. 你自己的哪个特点让你最觉得痛恨？
——总是闲不下来，找事做。

8. 你最喜欢的旅行是哪一次？
——每一次让自己边享受边学习的行程。

9. 你最痛恨别人的什么特点？
——做事没有责任心，丢三落四。

10. 你最珍惜的财产是什么？
——我的家庭和我的朋友。

11. 你最奢侈的是什么？
——我喜欢的乐器——古筝、琵琶、钢琴。

12. 你认为程度最浅的痛苦是什么？

——忙得一夜没有睡觉，一天没有吃饭。

13. 你认为哪种美德是被过高评估的？

——应该没有，中国人现在还需要弘扬各项美德。

14. 你最喜欢的职业是什么？

——教书育人，特别是教小学生，让自己永远年轻可爱。

15. 你对自己的外表哪一点不满意？

——永远瘦不下来的婴儿肥。

16. 你最后悔的事情是什么？

——没有好好地学好英语，以后要加油了。

17. 还在世的人中你最鄙视的是谁？

——总是在夹缝里过日子的人。

18. 你最喜欢男性身上的什么品质？

——有责任心、有魅力。

19. 你使用最多的单词或者词语是什么？

——好的！行！我来！

20. 你最喜欢女性身上的什么品质？

——善于装扮自己，有修养没脾气。

21. 你最伤痛的事是什么？

——我心爱的学生悄然离世。

22. 你最看重朋友的什么特点？

——不需要随时陪在身边，但是有困难有需要就能随时给予帮助。

23. 你这一生中最爱的人或东西是什么？

——我心爱的家人。

24. 你希望以什么样的方式死去？

——没有病痛地离开。

25. 何时何地让你感觉最快乐？

——和自己的家人在任何地方都觉得快乐。

26. 如果你可以改变你家庭的一件事，那会是什么？

——选择我们家住在什么地方。

27. 如果你能选择的话，你希望让什么重现？

——回到高中的生活，再重新好好地学习，有一个更加完美的学习过程。

28. 你的座右铭是什么？

——快乐教育，成长自我。

做先行者，为后来者开拓；做登顶者，为仰望者掌灯！

——林瑛

林瑛：与自己死磕

从外表看，林瑛是典型的"林妹妹型"，但是进一步了解后，你会发现，她是一个外表柔弱、内心却很坚强的人。

"自己选的路，跪着也要走下去。"林瑛说。在没有看到这句话之前，她就一直是这样做的。

2005年林瑛大学毕业就回到了老家德阳，和很多同龄人一样，毫不犹豫地加入考公办教师的行列。谁都想一工作就能捧上一个"铁饭碗"。可是，命运跟林瑛开了一个不大不小的玩笑，全力以赴的林瑛因为0.5分之差，未能如愿进入公办学校。

后来，在亲戚的推荐下，林瑛到德阳的一所公办小学做起了代课教师。虽然是代课教师，但林瑛觉得自己毕竟工作了，不能再向家里伸手要钱了——从拿到第一个月工资起，林瑛就暗自下决心，无论多难都不能再给家里增加负担。

时间很快到了2007年的暑假，林瑛没有任何心理准备却不得不面对失业，因为学校分配来了新教师，不需要代课教师了。"那一刻，我顿时迷茫了，不知道自己的下一站在哪里。"

也许和遂外是注定的缘分，同事第一次向她推荐遂外的招聘信息时，林瑛说，她想也不想就拒绝了，因为不想到家乡以外的地方工作。可是，眼看着就要开学了,还是找不到合适的代课学校,当同事第二次给她打来电话的时候,她心动了——去试试吧,至少可以不向家里伸手要钱。

就这样,林瑛辗转来到了距离老家近200公里的遂外,从此开启了她的遂外生涯。

迈过职业生涯的第一道坎

很多时候,故事开始只是因为"要争一口气"。

来遂外竞聘是两个人竞争一个岗位,用林瑛自己的话说,"我以并不出色的试讲赢得了这次工作机会"。据说,那时还是中层领导的李启书校长给她的课打了"47分"。与校长面谈时,林瑛看得出也听得出校长对自己的怀疑。从那一刻起,林瑛就打消了"试一试"的念头:"我一定要证明给你看,我能做好。"

她给自己定的目标是,一个学期必须让领导认可。那个时候,她像一个盲人,在黑暗中摸索。

没想到巨大的考验马上来了。上班第二周,林瑛因为感冒引发了纤维瘤,需要手术。虽说是一个小手术,但是对于背井离乡、没有亲朋好友在旁的女孩子来说,是一件多么恐怖的事情。"我知道,这个时候只要我一个电话打回家,爸妈一定会因为心疼我,让我辞掉工作马上回去。"林瑛说,"可我还没证明自己呢,我不能回去,我不能把这跨出去的第一步又收回来。"

这就是林瑛,一个外表柔弱、内心坚强的女孩。

于是,坚强的林瑛选择瞒着家人,自己去做了手术。

林瑛清楚地记得,那是2007年9月的第二个周末,她的高中好友陪她走进了手术室,手术之后,同学匆匆赶回去了,林瑛则独自面对每天换药、输液半个月之久。

那个时候,医院离遂外所在的河东区很远,出租车很少,每天只有

40分钟一趟的18路公交车往返于学校和市区。遂宁的9月还很炎热，林瑛每天得在烈日下晒上二三十分钟才能盼来一辆公交车。为了不耽误学生的课，林瑛要求医生把原本该用两个半小时输完的药在一个小时之内输完。

因为右手用绷带固定着，她开始尝试着用左手板书，用左手拖地，用左手吃饭、梳头，还要用左手照顾那些懵懂的孩子。每天晚上，她回到宿舍已经是十点半之后了。也是从那个时候起，林瑛有了一个响亮的称号——"独臂女侠"。虽是同事们的玩笑话，可林瑛却很喜欢，"如果能生活在武侠小说中，我真的想当'女侠'"。

这是林瑛在遂外职业生涯中最难忘的一段回忆。"走过这一段，我想，以后多大的坎都不是事了。"

身体上的伤痛咬咬牙就过去了，但是来自家长的质疑，却不是自己咬牙坚持就能消除的。因为年轻，家长们对林瑛很是不放心。

"我必须做出点儿成绩，才能让家长们信服。"

林瑛没有丝毫的埋怨，只是比别人更努力地工作，更用心地关心呵护班里的孩子们。

正是不断与自己为敌，才有了一次次的成长和蝶变。从之前不被领导看好，到"孙妈"毫不掩饰对她的喜爱和信任；从第一次只有47分的课堂到"教学节"献课一等奖……只有林瑛自己知道走得多么艰辛，也只有她自己知道，一切都是值得的。

"现在想想，我真得感谢那些刁难过我的家长，以及那些看起来不好教育的孩子，正是他们，让我有了丰富的人生经历，积攒了一大笔经验财富。"

与"迟开的花"的故事

小海是林瑛接触到的第一个自闭症孩子。林瑛没想到，和小海的相处，竟成了自己教学生涯中最奇特的经历。从小海那里，林瑛学会了包容：包容动作不协调的孩子，包容不会整理的孩子，包容不会沟通的孩子，包容生活不能自理的孩子。从小海那里，林瑛懂得了：简单的想法有时是多么可贵；孩子的笑容值得付出一切努力；你想让别人依赖得先让别人知道你值得依赖。

和小海相处的三年，发生了太多的故事：林瑛平生第一次给拉得满裤裆都是的小孩洗屁股、换裤子；第一次抱着流着鼻涕的小孩笑得那么满足；第一次发现，聪明真的和外表没有关系；第一次真正感到，遇到这样的小孩，是多么大的福气。

在小海准备离开遂宁去其他城市求学的那个周末，小海跟着奶奶来向林瑛道别，表示感谢。

亮亮是林瑛接触的第二个轻微自闭的孩子。起初，林瑛并没有赢得亮亮家长的信任。与林瑛见了第一面，家长就吵着要换班，觉得弱不禁风的林瑛根本照顾不了他们的宝贝。最后经过年级组长协调，家长同意先接触两周，之后如果还是觉得不行，再说换班的事。"我只有两周的时间来证明自己是他们不二的选择。"于是，林瑛迅速召开了育人小组会议，把亮亮的情况介绍给任课的每一位老师，请他们多关注孩子的情绪，注意细节，让孩子在这里先找到安全感。

那段时间，每天晚上，林瑛都会向亮亮的父母反馈当天她和亮亮相处的点点滴滴，让他们知道，在孩子不在他们身边的时间，老师们会代替他们，多关心这个孩子一点。亮亮每天说得最多的就是想妈妈，为了鼓励或奖励他好好表现，林瑛专门要了一张他家的全家福，每天让他看一看。慢慢地，亮亮竟然一整天都没哭。为了让亮亮开朗起来，愿意接触其他同学，林瑛把他硬塞进了学校的篮球队。刚开始，每次都是林瑛牵着他的手亲自送去，亲眼看着他和小朋友手牵着手走着。后来，渐渐地，他变得主动参与了。为了让亮亮尽快和班级同学熟悉起来，林瑛让他当了生活委员,负责每天三次给全班同学发间餐。这样他迅速地接触到了所有同学、熟悉了自己的同学,建立起了归属感。五年的生活委员经历,让他可以将这个工作做得井井有条,游刃有余。而亮亮的父母对林瑛感激不已。亮亮的优点很多,书写漂亮,很有绘画天分,所以常常是班级活动的主力军。在一次一次的活动参与中,他学会了与人相处,学会了正确表达自己,学会了去发现别人的好。"我相信,他已经脱胎换骨。"林瑛满足地说。

"做好下一个十年"

在林瑛的内心深处一直有一个念想:工作不能离家太远。所以,即便当初留在了遂外,她想的也是在遂外工作两年就回老家。但是没想到,这一待就是十年。

十年来,林瑛积淀下了自己的教育观,梳理下来大概归结为三点:

一,看多了娇美的花朵,发现一片绿叶的存在,何尝不是一件美事——爱上那些成绩不优,但懂得感恩的孩子!

二,孩子成长的过程也是老师成长的过程,要敢于向成长挑战!

三,孩子"迟慧"往往不是因为笨,而是他太多地关注了和别人不一样(与学习无关)的事情而已。找到原因,用对方法,持续关爱,当这朵花绽放时,也许会是最绚烂的那一朵!

林瑛说,每一年遇到的学生不一样,心境也就不一样,所以总会有不同的思考。教师无论教书还是育人,都是站在学生的角度、站在人的角度考虑问题,所以自己的理念也在不断地变化。

"常规决定成败。""把常规做到极致就是创新。"这在林瑛的班级管理中体现得非常充分。同事税晓明最欣赏林瑛的工作方式:她总是非常有计划地工作,总是事无巨细,有条不紊;对待班级的孩子能够给予如母亲般的关爱,她的班级自然成了"笑脸娃娃"专业户;她班上的孩子明显也深受影响，做事有序，学风很正。

已经毕业的学生回忆起林老师时说："四年级时，林老师给我们讲'处理好人际关系'这个问题用了起码八九节课的时间。她不只是教我们知识，更教我们为人处世的原则。"

学生是林瑛最牵挂的，尽管孩子们总能搞出新鲜花样来挑战她，可她还是说："如果没有他们，我不知道我的情感往哪儿寄托。"

生活中，林瑛是一个很容易被感动的人，有时候看到一则不幸的新闻都会感伤或惋惜一阵子。同事都叫她"小太阳"，她总想着用自己身上的光和热去照亮、温暖身边的人。她喜欢把别人对自己的好牢牢地记在心里，总想着找机会回报一二。"有的时候这样会很累，但是我必须坚持，如果不这样，也许就不是我自己了。"

"在遂外工作很忙，想过离开吗？"

"不想了，只要遂外在，我就会在。"

"因为工作很忙，以前家人一直劝我改行，但每当一觉醒来，我觉得还是喜欢做教师这个职业。"

"既然选择了教师这一职业，我就希望自己越做越好。教书育人已是我生活无法分离的部分，这辈子想要再从事其他的职业，恐怕是不可能了。我的骨子里，流的就是教师的血液。"

林瑛说，她愿意花更多时间用来成长。过去的十年，她的精力主要放在了班级管理上，下一个十年她重点研究教学。"改变自己，是一件痛苦的事，可是，不磨平自己身上的棱角，又怎能经历蜕变，幻化成蝶呢？"

林瑛用十年的遂外生涯诠释了"成长就是与自己死磕"。

普鲁斯特问卷·林瑛

1. 你认为最完美的快乐是怎样的？

——感受着自己和学生一起成长。

2. 你最希望拥有哪种才华？

——站在台上，侃侃而谈，充满自信。

3. 你最恐惧的是什么？

——失去学生的心。

4. 你目前的心境怎样？

——学生面临小升初，我有一点忐忑。但也相信自己会努力做得更好，不辜负我带的第一届毕业学生。

5. 还在世的人中你最钦佩的是谁？

——我的妈妈。我身上的所有被认可的优点都源于她对我从小的絮絮叨叨以及她对家人无限的包容。

6. 你认为自己最伟大的成就是什么？

——有几个一直惦念着自己的学生和家长。

7. 你自己的哪个特点让你最觉得痛恨？

——拖拉、优柔寡断、想得太多。

8. 你最喜欢的旅行是哪一次？

——一次准备很不充分的云南之旅。因为准备不充分，反而觉得有许多惊喜。

9. 你最痛恨别人的什么特点？

——做事只顾自己，不顾大局。每个人都是自私的，但不能每件事都自私。

10. 你最珍惜的财产是什么？

——学生、亲人对我的爱。我绝不能辜负他们。

11. 你最奢侈的是什么？

——和老公一起陪娃读读书，讲讲故事。

12. 你认为程度最浅的痛苦是什么？

——每天有做不完的工作。

13. 你认为哪种美德是被过高评估的？

——在公交车上让座。

14. 你最喜欢的职业是什么？

——军人。

15. 你对自己的外表哪一点不满意？

——太瘦。

16. 你最后悔的事情是什么？

——学生时代不懂父辈的期望，太过叛逆。

17. 还在世的人中你最鄙视的是谁？

——为人当面一套，背后一套的人。这样活得太累。

18. 你最喜欢男性身上的什么品质？

——宽容、孝顺。

19. 你使用最多的单词或者词语是什么？

——"好吧"，因为总是在妥协。

20. 你最喜欢女性身上的什么品质？

——优雅、自信。

21. 你最伤痛的事是什么？

——曾经的学生，没能走进他内心的最深处。分别后，才渐渐明白，我给他的太少。

22. 你最看重朋友的什么特点？

——直爽、坦诚。

23. 你这一生中最爱的人或东西是什么?

——我的女儿、我的事业。

24. 你希望以什么样的方式死去?

——没有牵挂,所有我爱的人都让我放心了。

25. 何时何地让你感觉最快乐?

——看到自己教过的学生站在属于自己的舞台上。

26. 如果你可以改变你家庭的一件事,那会是什么?

——不要有猜忌和争吵,一家人相亲相爱。

27. 如果你能选择的话,你希望让什么重现?

——希望让我的大姨活过来,她为整个家族付出得太多,自己承受得太多。我想让她看到,大家现在都很幸福。

28. 你的座右铭是什么?

——自己选的路,跪着也要走下去!

做教师难免和形形色色的孩子打交道,要真诚地善待每一个孩子,我知道:错误是孩子成长的勋章!

——赵凤英

赵凤英：她有一个"美丽的名字"

起得最早、睡得最晚、干得最杂、吃得最快……在遂外，生活教师大概是你能碰见最多的一群人，他们穿梭在班级和宿舍之间，一天到晚忙个不停。

这份工作并不轻松，不过，在赵凤英看来，每天和孩子们在一起，她心里满满都是幸福。

"在他们健康成长和愉快学习的过程中，有我的陪伴和参与，我很满足。"赵凤英说。

这位连续多年被评为"服务明星""爱心妈妈"的生活教师，早已超越了保姆式的角色，她立志在遂外这片土地上，将小事做细、做精，画出不一样的色彩。

孩子们的"赵妈"

"保姆？我们可从来没有这种想法。每次放假回来，我都会亲切地叫她'赵妈'，给她拥抱。"

"在我们的心目中，她不仅仅是老师，还有一个美丽的名字——'赵妈'。"

许多学生提起赵凤英，脸上都会情不自禁地露出幸福感。看得出来，那是一种对最亲的人才会有的反应。

"赵妈"凭什么能得到学生如此之高的评价？凭的是日复一日、年复一年对孩子毫无保留地付出。

"不管是谁的孩子，我都会觉得很可爱，即便他再调皮捣蛋。"赵凤英笑着说。

学生小蒋是出了名的捣蛋鬼，在学校小有名气。赵凤英接触他时，同事们都替她捏了把汗。小蒋没上过学前班，许多规矩都不懂，所以几乎是人到哪里错误就犯到哪里。比如排队时在路队中乱窜，和同学打闹；在餐厅随意走动、喧哗；午休和晚休时很不安分；犯了错也从不会好好听老师说教；特别挑食……总之，在众人眼里，小蒋是个"难缠"的主儿。

赵凤英可没有"被吓倒"。越是难搞定的，越要多加关注，她心想。

从那以后，赵凤英每天总要特别关注小蒋，告诉他应该怎么去排队、吃饭等；只要有机会，走到哪儿，她都牵着小蒋的手，让他感受到温暖；小蒋爱尿床，赵凤英每天夜里都要叫醒他两回，提醒他上厕所……有一年，学校组织冬令营，孩子在学校集合，这天是赵凤英生日，她没打算给自己过生日，倒是亲自给小蒋熬了鸡汤送过去。

"纵使你虐我千百遍，我依然爱你如初恋。"赵凤英借用这句流行的话调侃自己。也正是因为这样无微不至的关怀，小蒋渐渐变得懂事了。

有一次，赵凤英刚从值班室走出来，小蒋就扑过来拥抱她，亲切地叫她"赵妈"，比任何一个孩子都热情。

"那一刻，我的心都融化了。"赵凤英说。

或许，赵凤英是个容易被感动的人，但孩子们对她的真诚，确实让她感觉甜蜜，并愿意为之付出。

学生小珊有一次高烧39度，医生说病情很严重，那一晚赵凤英守着小珊，隔一阵子就给她换敷毛巾、量体温，几乎彻夜未眠。第二天，孩子竟然奇迹般好得差不多了，校医说，赵凤英的细心看护功不可没。

平日里就备受赵凤英关爱的小珊，此时对她更加感激。老师奖励给小珊的小礼物、小零食，她舍不得用、舍不得吃，都拿来给"赵妈"。

"她对孩子的爱与付出，可能比有的父母犹有过之。"遂外副校长李伟说起赵凤英，满是赞叹。

李伟讲了这样一件事：每天孩子们运动完后，为了防止孩子因为出汗感冒，赵凤英会将预先准备好的热腾腾的毛巾挨个塞到他们背上，让他们舒舒服服地去上课。

"看似一件小事，可她每天坚持如此！这多么难得。"李伟说。

坚守内心的真诚

事实上，赵凤英每天坚持做的小事数不胜数。

生活教师承担的工作无比琐碎，每天早上 6 点多起床，如果是冬天，要为每个孩子的保温杯里接满热水；趁着孩子上课，要赶紧整理内务，对寝室进行消毒，清洗毛巾、水杯，冲洗厕所；用餐时间得及时赶到食堂为他们盛饭、添菜；到了晚上，帮助孩子洗澡、换洗衣服，检查哪些孩子要加衣物……几乎每个生活教师每天睡觉都得到晚上 10 点以后，而睡觉期间，还得随时关注孩子们的动静。

一天下来，赵凤英几乎没有空闲的时间。

相比"忙碌"一词，赵凤英更愿意用"充实"一词。等晚上把所有孩子都安顿好了，她开始回顾一天的工作：哪些孩子今天表现好，哪些孩子可能有些情绪，哪些工作还可以完善……

课程处主任罗丽说，赵凤英总是能够关注到许多老师没关注到的地方。比如，冬天孩子的衣服干得比较慢，她自己掏钱为孩子们买烘干机；孩子生病了家长没时间照顾，她亲自带孩子上医院，给孩子喂药。

"温暖、贴心，每天笑眯眯，让人感觉亲切。"罗丽这样形容赵凤英。

教师李静丽坦言，自己愿意与赵凤英一起，因为她照顾人成了一种习惯。比如和她一起吃饭，她总要给你盛饭、夹菜。有几次，李静丽中午去学生宿舍休息，赵凤英特别周到，给她找拖鞋、整理床铺，等她一觉醒来，发现自己的水杯早已被赵凤英接了满满的一杯温水。

五年来，赵凤英由一开始的迷茫、不知所措，到现在越来越热爱这份工作，越来越熟悉这份工作，她始终坚守着内心的那份真诚。

她也一直在学习的路上。在她心里，生活教师不能只是管好孩子的吃喝拉撒就行了，还必须具备一定的教育专业素养，会用正确的教育理念、教育方式去对待每一个孩子。

早年幼师毕业的她，曾经做了九年服装导购，后来又在一家公司从事行政工作，这些岗位的历练，让她学到了许多。

"做导购时，每天与形形色色的顾客打交道，让我学会了如何揣摩他们的心理；做行政工作时，锻炼了自如运用电脑的能力。"赵凤英说，这些经历都对她从事目前的工作大有裨益。

"我既要遵循教育规律，也得拥有宽容的态度和淡泊的心态，要帮助孩子发现自己的闪光点，树立自信心，认识到自己的长处，向健康方向发展。"赵凤英说，她相信每个孩子的本性都是纯真的，在爱的教育和呵护下，会渐渐养成良好的习惯。

普鲁斯特问卷·赵凤英

1. 你认为最完美的快乐是怎样的？

——身体健康，家庭幸福。

2. 你最希望拥有哪种才华？

——像演员一样的超级模仿能力。

3. 你最恐惧的是什么？

——失去信任。

4. 你目前的心境怎样？

——简单、幸福、快乐。

5. 还在世的人中你最钦佩的是谁？

——李连杰。

6. 你认为自己最伟大的成就是什么？

——把生病的婆婆照顾好。

7. 你自己的哪个特点让你最觉得痛恨？

——书写差。

8. 你最喜欢的旅行是哪一次？

——神农架之旅。

9. 你最痛恨别人的什么特点？

——无诚信。

10. 你最珍惜的财产是什么？

——朋友。

11. 你最奢侈的是什么？

——常与朋友相聚。

12. 你认为程度最浅的痛苦是什么？

——好心当成驴肝肺。

13. 你认为哪种美德是被过高评估的？

——文明，每个人都有不文明的行为。

14. 你最喜欢的职业是什么？

——教师。

15. 你对自己的外表哪一点不满意？

——腿长身子短。

16. 你最后悔的事情是什么？

——我只有一次高考的机会。

17. 还在世的人中你最鄙视的是谁？

——借钱不还的人。

18. 你最喜欢男性身上的什么品质？

——负责任。

19. 你使用最多的单词或者词语是什么？

——好的。

20. 你最喜欢女性身上的什么品质？

——经济独立，有爱心。

21. 你最伤痛的事是什么？

——父母让姑姑抱养我。

22. 你最看重朋友的什么特点？

——真诚、友善。

23. 你这一生中最爱的人或东西是什么？

——孩子。

24. 你希望以什么样的方式死去？

——突发事件。

25. 何时何地让你感觉最快乐？

——跟孩子们在一起。

26．如果你可以改变你家庭的一件事，那会是什么？

——教会年长的母亲讲卫生。

27．如果你能选择的话，你希望让什么重现？

——重来一次高考。

28．你的座右铭是什么？

——爱人者，人恒爱之。

膳食中心是最能体现遂外"真诚"的地方,我们的一日三餐都是为家人烹制幸福。

——袁桂华

袁桂华：在遂外工作我很踏实

2016年年末，在遂外的一次座谈会上，有一位年近五十、看起来非常朴实的遂外人，在一页一页地认真记笔记，她就是遂外后勤工作人员袁桂华。

没有想到，一位平时在学校主要负责洗菜、切菜等工作的阿姨，竟会如此认真地记录和学习，这不得不令人心生赞叹。

操着一口地道的四川话，袁桂华诉说起了自己的遂外时光。

"遂外的工作时间比较固定，学校领导不会让人经常加班，而且同事们都很团结。"2009年来到遂外的袁桂华，对这所学校和同事充满了感激。

袁桂华的工作简单而忙碌。

每天，为了让孩子们按时吃上热腾腾的早餐，早上5：30前，袁桂华就会开启一天的工作生活。

冬天的黎明，天还没亮，袁桂华就会按时到工作岗位上择菜、清洗、切菜、加工……一系列工序有条不紊地进行着。早上7点左右，孩子们便会吃到袁桂华和她的同事们一起做的早餐。午餐亦是如此。而袁桂华则在孩子们吃完饭半小时以后，才能腾出吃饭的时间。

"袁老师基本没有请过假，因为她知道，自己请假意味着其他同事要做不少额外的工作。"对袁桂华这种时刻为他人着想的精神,遂外后勤工作人员杨玲感慨地说。

在袁桂华看来,遂外在后勤方面的管理尤为严格,这不仅仅体现在不定期的培训中,更体现在日常的食品把控上。

遂外每周都会根据季节和天气等因素,综合考虑学生的营养搭配问题,制订当周的"营养食谱"。比如,2017年6月27日早餐的标准是:平均每份菠菜粥中大米25克、菠菜10克,平均每份青椒土豆片中土豆100克、青椒10克。

袁桂华还记得,2016年9月,学校新运来一批食材,其中豆腐切一下就变成了渣,袁桂华和同事赶紧把这个情况告诉了学校管理人员。检查过后发现,虽然豆腐没有变质,但质量并不过关。在大部分人看来这不是什么大问题,但遂外领导还是跟食品公司进行了沟通和处理。

"如此细小的问题,学校都会重视,这就是遂外在当地口碑很好的原因之一。"袁桂华说。

学校的就餐文化同样让袁桂华赞叹不已。"学校提倡无语就餐,这主要是担心孩子吃饭时说笑打闹导致食物误入气管。"袁桂华说。因此,每一位来参观的人都会看到遂外食堂里,孩子们用手势等肢体动作来表达的景象。

在遂外教学楼的背后,有一大片菜地,这是学校的种植园,里面种着莴笋等蔬菜,这不是后勤工作人员种的,但与后勤有联系。这是遂外农耕课程的实践基地。

遂外的每个班级都有一块菜地。从蔬菜的选种、播种、浇水、施肥、成熟,到最终收获,一系列活动都在师生的互相配合下完成。学校领导说,希望通过这一课程,让学生了解农作物的种植方法和相关常识,培养学生的动手能力,让学生体验劳动的辛苦,从而更加珍惜食物,养成节约的好习惯。

等到秋天,这些蔬菜成熟后,师生会采摘好把它们送到袁桂华等后勤工作人员手中。看着孩子们自己辛辛苦苦种的蔬菜获得了丰收,袁桂华在加工时会更加细心、认真。这些蔬菜,最终也成了孩子们餐桌上的美食。

"吃着自己种的蔬菜,孩子们可高兴了。"袁桂华说。

在袁桂华看来,遂外的学生都很乖,很讨人喜欢。即使一些不太适应学校生活或有不良习惯的孩子,在遂外也都会慢慢好起来。

小刘是二年级的一名女生,刚到遂外的那几天,她对寄宿生活很不适应,有时甚至嚷嚷着"不读了"。

袁桂华发现这个事情后,就主动和小刘聊天,试图解决她内心的问题。

"有什么烦恼,你都可以跟我说,也可以和你的老师、同学聊,你看我们多喜欢你啊。而且,在这里好好学习,你小学毕业时肯定会考上很好的学校……"不善言辞的袁桂华想了许多点子来劝说小刘。

后来,小刘不仅留在了遂外,还变成了人见人爱的好孩子。

除了学校的工作,在家庭生活中,两个儿子懂事、听话,让袁桂华倍感欣慰。

2014年,一件事情突然降临:袁桂华的老公在体检时发现患上了癌症,需要数万元的治疗费用。这对于本就经济拮据的家庭无异于雪上加霜。

怎么办?正在上大学的两个儿子站了出来。

大儿子在成都读大学,学的是软件相关专业。暑假期间,大儿子选择去餐馆打工,还试着去给别人装修、贴瓷砖。这让袁桂华既心疼又感动。

二儿子在广西上大学,暑假期间则去了广东的一家电子厂打工。"他说那里工资会高一些。"谈起两个儿子远比同龄人过得辛苦,袁桂华仍心有愧疚。不过两个儿子的懂事,也让在遂外工作的袁桂华感觉愈加踏实。

2015年,工作满六年的袁桂华获得了遂外隆重颁发的"忠诚奖"。自己的平凡付出获得了学校的高度认可,这在袁桂华以前的工作中很难想象。当学校领导把一系列奖品递到袁桂华手上时,她的心中满是骄傲与感动。

普鲁斯特问卷·袁桂华

1. 你认为最完美的快乐是怎样的？
——学校发展好，同事之间的关系好。

2. 你最希望拥有哪种才华？
——有极强的表达能力与沟通能力。

3. 你最恐惧的是什么？
——家人生病。

4. 你目前的心境怎样？
——快乐而宁静。

5. 还在世的人中你最钦佩的是谁？
——黄益兴团长。

6. 你认为自己最伟大的成就是什么？
——每一次在同事需要帮助的时候，都能出手相助。

7. 你自己的哪个特点让你最觉得痛恨？
——性格急躁。

8. 你最喜欢的旅行是哪一次？
——学校组织的湖南张家界之旅。

9. 你最痛恨别人的什么特点？
——懒惰。

10. 你最珍惜的财产是什么？
——学校的一切用具。

11. 你最奢侈的是什么？
——健康。

12. 你认为程度最浅的痛苦是什么？

——皮肤之痛。

13. 你认为哪种美德是被过高评估的？

——助人为乐、拾金不昧。

14. 你最喜欢的职业是什么？

——餐厅切配。

15. 你对自己的外表哪一点不满意？

——太黑了。

16. 你最后悔的事情是什么？

——在不恰当的时间食用了餐点。

17. 还在世的人中你最鄙视的是谁？

——懒惰的人。

18. 你最喜欢男性身上的什么品质？

——责任与担当。

19. 你使用最多的单词或者词语是什么？

——"把菜切好""把菜洗干净"。

20. 你最喜欢女性身上的什么品质？

——温柔、淡定。

21. 你最伤痛的事是什么？

——老公的去世。

22. 你最看重朋友的什么特点？

——真诚，善于沟通。

23. 你这一生中最爱的人或东西是什么？

——两个儿子。

24. 你希望以什么样的方式死去？

——没有痛苦地死去。

25. 何时何地让你感觉最快乐？

——上班最快乐。
26. 如果你可以改变你家庭的一件事，那会是什么？
——老公依然活着。
27. 如果你能选择的话，你希望让什么重现？
——一家四口其乐融融的场景。
28. 你的座右铭是什么？
——踏实做好自己，好好工作，好好生活。

与孩子相处的每一个细枝末节,都是成长的故事,爱的表达!

——卢泽勤

卢泽勤：一位生活教师的自白

有时候，时间是最好的答案。

今年是卢泽勤在遂外工作的第九个年头。九年，她所带的孩子与她都建立了一种亲密的关系，这种关系中有信任、有依赖、有喜欢，这种关系也让她在遂外赢得了领导、同事和家长的广泛认可。她已连续六年被评为"爱心妈妈"，还成为感动遂外十大人物之一。

一路走来，卢泽勤在工作中有失意也有欣慰。而让同事们颇为敬佩的是，卢泽勤在出色完成工作之余还练就了一手好字。

"她总是能够与学生打成一片，孩子们都喜欢黏着她一起游戏。"同事们说。

卢泽勤说，那些调皮的学生，有时候让她哭笑不得。那些总是挑食的学生，那些过度活跃的学生，有时候也让她束手无策。但卢泽勤说："我能做的就是陪伴他们。"

卢泽勤照顾的是二年级的孩子。她每天的工作是从给每个学生接一杯温水开始的。早晨，她给孩子们接好要喝的温水，然后到餐厅给孩子们打好饭，再回到宿舍叫孩子们起床。之后，她要一一检查孩子们是否穿好了衣服，看看孩子们的脸洗得是否干净。而对一些需要吃药的学生，她会专门嘱咐他们饭后吃药。孩子们上课后，卢泽勤就开始在各个宿舍里打扫卫生。然而,晚上才是最忙碌的时候。有的孩子想家躲在被窝里哭泣,她会轻轻地守在孩子身边,和孩子说说悄悄话,给孩子讲讲故事,直到孩子进入梦乡。通常,卢泽勤晚上都是11点半后才休息。有时半夜里她还要起床再看看孩子们有没有蹬掉被子的,有没有尿床的。

学生有一半的时间是在生活区里度过的。在她眼里,孩子良好的生活习惯是健康成长的基础。卢泽勤的主要精力都放在了孩子好的生活习惯的培养上,比如讲究卫生、珍惜粮食、勤俭节约等。生活老师的主管祝老师评价说,卢泽勤所负责的班级总是餐盆里剩饭最少、桌面干净,她对孩子呵护有加,教会了孩子很多生活小常识。她指导孩子们养成良好的生活习惯,帮助孩子们解决生活中遇到的问题,提高孩子们的自我保护意识。"这就是我们的职责,简单却责任重大。"卢泽勤说。

作为生活老师,如何更好地照顾好孩子,卢泽勤总结了自己的工作心得:

1. 善良,真诚,无差别地对待每一个孩子。
2. 时刻提醒自己:假如是我的孩子,我会怎么做?
3. 提醒孩子们养成干净卫生的习惯。
4. 安全,随时注意孩子们的安全。

她的工作经验就是,观察孩子们的情绪和生活细节,发现有特殊情况的孩子就与他们谈心。谈心,这个对于大多数教育工作者再熟悉不过的工作,在卢泽勤这里却做得入耳入心。谈心不在于你和孩子谈了什么,而在于你是否能让孩子感受到你是真诚关心他的人。很多时候,不是卢泽勤在给孩子们说什么,而是她在积极聆听孩子们的诉说。"听比说更重要。"这一理念在卢泽勤这里贯彻得恰如其分。

生活老师是遂外教师军团的重要组成部分。遂外的生活老师是一个特殊的群体,他们与学生之间的故事更丰富。卢泽勤也一样。

来到遂外的第二年,卢泽勤曾想过要离开,这缘于一次意外事件。

那是发生在 2009 年的一个纠纷。有一天，她照看着孩子们在餐厅用餐，其中一个孩子饭没吃完却坐在桌子上玩。卢泽勤看到了就喊了这个孩子一声，并把他从桌子上拉了下来，可能声音大了一点，孩子回到家里跟家长反映了这件事，说生活老师对他很凶。家长听了孩子的一面之词自然很生气，打电话威胁卢泽勤，讨要个说法，这让卢泽勤很受伤。

起初，这件事学校并不知道，后来家长一直不依不饶。学校知道后开始出面协调解决，最后，卢泽勤向孩子和家长道了歉，家长也没有再追究。

那段日子，卢泽勤感觉自己特别委屈，但是，通过这件事，卢泽勤自己也反思了很多，她觉得自己当时的处理方式是有问题的，以后再面对这样的情况，她知道了如何更好地面对和处理。

来遂外之前，卢泽勤做过销售，开过美容店。后来为了孩子上学，她来到了遂宁。

卢泽勤一直感恩学校对她的好，不仅是因为学校为她解决了遇到的麻烦，也不仅仅是每到节假日和生日的时候，学校都有节日慰问金，可以带薪休假，还因为在这里工作很舒心，也很有归属感。

谈到在遂外工作的感受，卢泽勤说："我们同事之间相处得很好，工作上都是相互帮助。同事病了，我就去替他们工作，从不分彼此，不计较谁干得多谁干得少。"让她最欣慰的是，"我管的这些孩子，他们都比较听我的。这算是一点成就吧。"

"现在的孩子情商都特别高。只要看到我，孩子们就嘴很甜地叫我卢妈、卢婶。"

"尽管只管理孩子们的生活，但我也是老师，与孩子们每天朝夕相处，我要用自己的言行来影响孩子们，告诉他们什么是对，什么是错，什么是善，什么是恶。"卢泽勤说，"我一直在想，假如是我的孩子，我会怎么做？"

这是一位做了九年的生活老师的感悟。

普鲁斯特问卷·卢泽勤

1. 你认为最完美的快乐是怎样的？
——工作顺利，家庭幸福。
2. 你最希望拥有哪种才华？
——拥有演说家的口才。
3. 你最恐惧的是什么？
——不知道感恩。
4. 你目前的心境怎样？
——生活简单，快乐幸福。
5. 还在世的人中你最钦佩的是谁？
——孙丽玲校长。
6. 你认为自己最伟大的成就是什么？
——没有什么伟大成就。
7. 你自己的哪个特点让你最觉得痛恨？
——不善言辞。
8. 你最喜欢的旅行是哪一次？
——九寨沟旅行，让人感受到大自然的奇幻之美。
9. 你最痛恨别人的什么特点？
——虚伪，当面一套，背后一套。
10. 你最珍惜的财产是什么？
——爱。
11. 你最奢侈的是什么？
——每天有空余的时间陪陪父母。
12. 你认为程度最浅的痛苦是什么？

——被误会了，但别人还不理解。

13. 你认为哪种美德是被过高评估的？

——诚实，每个人都有虚伪的时候。

14. 你最喜欢的职业是什么？

——教师，和孩子们相处可以净化人的灵魂。

15. 你对自己的外表哪一点不满意？

——身高，体重。

16. 你最后悔的事情是什么？

——儿子成长的关键时期自己没有尽到责任。

17. 还在世的人中你最鄙视的是谁？

——没有。

18. 你最喜欢男性身上的什么品质？

——正直，有担当。

19. 你使用最多的单词或者词语是什么？

——OK。

20. 你最喜欢女性身上的什么品质？

——经济独立，人格独立。

21. 你最伤痛的事是什么？

——儿子叛逆期时自己没有对他进行很好的引导。

22. 你最看重朋友的什么特点？

——善良，真诚。

23. 你这一生中最爱的人或东西是什么？

——最爱的人是父母。

24. 你希望以什么样的方式死去？

——和亲人告别，很安详没有遗憾地死去。

25. 何时何地让你感觉最快乐？

——在学校和孩子们相处感觉最快乐。

26. 如果你可以改变你家庭的一件事，那会是什么？

——让我的弟弟早日回到父母身边。

27. 如果你能选择的话，你希望让什么重现？

——希望回到天真烂漫、无忧无虑的童年时代。

28. 你的座右铭是什么？

——诚实做人，踏实做事。

后记：遂外的"冰山一角"

我们原以为，从外来观察者的角度去看遂外，已经对遂外了解得足够深、足够多了，以为这所小学里有一批志同道合的人值得书写，所以才有了要为之著书立传的想法。但当一个个性格迥异的教师真实地坐在面前，与我们促膝而谈时，才知道，故事里的人与事，远比我们已经了解的要深刻与丰富得多。

采访的时候，天气转凉，在遂外的一间教师休息室里，为了在最短的时间里获得最多的素材，我们兵分三路，采取"车轮战"的采访方式，马不停蹄地与书里的多位主人公交流——这原本是寻常的采访路数。而我们也以为与大多数采访一样，受访者介绍各自"到底是如何优秀"的，就足够成为一篇篇不错的文章。

但后来我们发现，事情并非如此简单。一旦话题打开，他们的情感便无可抑制，仿佛茶几上杯中的热气缓缓淌出，缭绕不绝。而每一位受访者谈论的重点总是跳出我们预设的问题"我做了什么"，取而代之的是去谈"我在这所学校如何"，以及周围的同事与学生如何令自己感动。当这种交流成为一种常态之后，我们意识到这是发自肺腑的一种自然反应，也正是在这样的采访中，我们隐约了解到透过采访"看到人心"是怎样的一种体验。

你能感受到，所有人都想着学校，所有人都想着别人。是的，是所有人，所有人都有同一个目标，通过自己更快地成长托举出更响亮的遂外品牌。

遂外似乎有着一种魔力，让他们依恋、倚靠，不离不弃，也因此，这群人不争、不怨、不惰，只是默默付出，他们和学校之间仿佛就是一对恋人，难舍难分。印象中，教师周汪写下的这番话，大约所有人都表达过类似的想法：我深信，坚持到现在，并非我的毅力有多强、能力有多大，而是遂外土地上这群人让我眷恋。即便是不善言辞的生活教师，也有"为遂外的明天更加辉煌尽自己绵薄之力必将是我工作的动力"这样的"豪言"。

要不，为什么有人心甘情愿抛弃了公办学校的"铁饭碗"来到这儿打拼？要不，为什么有人瞒着家人偷偷去学校承担更多的责任？要不，为什么有人急同事之难连自己的婚礼都不顾了？要不，为什么有人一次次让家人和自己最初的想法妥协，选择留守……

我们很庆幸能遇到这样一个团队，是他们的韧性与凝聚力构成了一所学校最核心的竞争力，这正是多数人一直苦苦寻觅的教育成功的"秘诀"。

当然，更值得欣慰的是，这群教师并没有因为强烈的集体意识而被"体制化"，他们各自有着自己的锋芒与特色，他们彼此并不一样，他们还在寻找各自新的突破点——只是以不同的方式向着同一个目标迈进而已。

一切都在继续。所以，遂外这本书才刚刚开始书写，她还会有更多的故事与精彩等着我们去发掘。我们一直希望能有更完美的呈现，但限于能力与时间，我们只能呈现遂外的冰山一角。

不过，从这一角之中，有心人自会发现，遂外所崇尚的"做最真诚的教育，做最懂孩子的教育"，是有可寻之迹的，如此，不妨再细心品读一番。

黄　浩
2017 年 10 月

附录一：给民办学校教师的 22 条建议

1. 珍惜自己的第一份工作

人生是现场直播，没有彩排也不可重来。所以请做好当下，珍惜自己的第一份工作，每一个经历在经过时间的沉淀后都会成为一笔财富。无论你所在的学校多么不堪，都要做好自己的工作，正如有人所总结的：赚不到钱，赚知识；赚不到知识，赚经历；赚不到经历，赚阅历。

2. 为自己工作

每个人的一生都是在为自己的理想打工，只是有人选择创业实现理想，有人选择就业实现理想。请摒弃打工者心态，你不是给办学人或校长打工，你和办学人一样也是在为自己的理想打工。所以，请确立为自己工作的心态。

3. 想办法爱上自己的职业

爱她就会善待她、创造她。不是每个人都能从事自己喜欢的职业，但是，既然选择了教师这一职业，就尽可能想办法爱上她。如果做不到，劝君早点儿离开，否则累并痛着，会害人误己。

4. 适应民办学校的工作量

选择民办学校就选择了告别安逸。民办学校教师的工作量通常要超出公办学校教师 1.5 倍。忙和累是肯定的，但是如果你全身心地投入了这种忙中，三年后会证明：你成长的速度远远快于在同类公办学校的同学。

5. 搞定自己的教学

民办学校的教师，首先要搞定自己的教学。搞定教学的直接结果是提高学生的学习成绩。有人说，"没有成绩过不了今天，只有成绩过不了明天。"民办学校立在质量，对民办学校来说，活下来才能有资格谈明天。

6. 有计划地做事情

没有方向的航船，任何风都是逆风；没有规划的人生叫拼图，有规划的人生叫蓝图。所以，请规划自己的未来，做好自己的职业规划，如果做不到这一点，至少要学会有计划地做事情，这会让你终身受益。如果你说"计划没有变化快"，我要说那是因为你的计划里没有包含变化。

7. 努力做到真诚

真诚是最好的教育资源，尤其是在学生面前，教师一定要努力做到真诚。真诚是与学生相处的起点，也是教学的底线。如果说"致良知就是致真诚"，那么，致真诚就是"不装，不造作，不虚伪"。学生可以接受你的"不知道"，但不能接受你的"不真诚"。

8. 让自己值钱

刚入职不久的教师，一定要先努力通过学习和多做事让自己成长，让自己值钱。比赚钱更重要的是让自己值钱。别总是抱怨待遇不高，导致迷茫的一个重要原因是，本该拼搏的年龄，却想得太多，做得太少。如果工作五年你还没有成为骨干，那就意味着你要贬值了。

9. 不要有太高的经济期望值

我认为教师的待遇需要不断提高，但教师这一职业决定了你注定不可能成为富豪，除非你是"网红"教师，是马云、俞敏洪这样的从教师转型做创业者的"牛人"。教师可以通过工作挣得一份养家糊口的工资，过一种相对体面的生活，但是，如果想通过做教师发财，劝君早点儿改行。

10. 管理好自己的身体

有一所民办学校秉承的核心价值观是：健康第一，家庭第二，工作第三。我很认同。健康才是最大的利益。管好自己的身体才能经营好自己的人生。民办学校工作量很大，工作节奏很快，但无论多忙，都要管理好自己的身体，对自己的身体不将就、不放纵。

11. 从迎合家长走向引领家长

民办学校与家长之间的关系很微妙。但是，作为教师，不能仅仅迎合家长，还要善于引领家长，尤其是对家长的短视要求不能迁就与迎合，一味迎合只能陷入低层次的尊重。

12. 再忙也要留出时间思考

教育教学是一项创造性的脑力劳动。当脑力劳动没有完成的时候，就会付出更多的体力劳动。所以，教师的魅力来自深度的思考，来自不断的反思。当思考成为一种习惯，当反思成为一种工作方式，你就提高了脑力劳动在工作中所占的份额，就会在不知不觉中增加工作创新的含金量。

13. 专注于一件事情

做好一件事不难，十年如一日做好一件事却很难。如果你还年轻，请尽可能找到自己最擅长，并且能产生高价值感的那件事，然后用最不取巧的方式去做，持续做，坚持十年，你会被自己感动，也一定会从普通走向优秀，从优秀走向卓越。

14. 找到一个教育偶像

你有自己的教育偶像吗？人总是需要偶像的。青年教师要向有结果的人学习，向那些专家型教师汲取智慧。找到一个教育偶像就找到了专业发展的方向和入口，切记，偶像不是用来崇拜的，而是用来模仿的，很多名师都是从模仿别人开始启动专业成长的。

15. 走世界才有世界观

每个人都有自己营造的一个世界。你的世界半径有多长，决定着你的世界有多大。有人说，走世界才有世界观。作为教师，如果有闲暇时间，一定要出去看看世界，走过世界才能更多地将世界作为孩子们的教材。

16. 把自己交给一本书

你有多长时间没有读书了？有多长时间没有被一本书触动了？今天的教师"只放电，不充电"似乎见怪不怪。这一点在民办学校可能更为突出。我采访过的一所小学，学校的校训是：读书，读书，读书。我把它拿来送给民办学校的教师，读书是一辈子的事情，读书是最好的精神保健品。

17. 尝试做班主任

为师路上，做班主任总是故事很多。尽管做班主任会很忙、很累，但是，班主任才是距离学生最近的老师，如果说学科教师更多是指向教学的话，那么，班主任则更多是在做教育。班主任工作会为你了解真实的学生提供更多可能。

18. 带着研究思维去工作

我很喜欢这句话：简单的事情认真做，认真做的事情重复做，重复性的事情创造性做。做到这些，你就走向了研究之路。当你带着研究的思维去做工作，将工作中的问题转化为小课题来研究，然后不断分享研究的成果，你就会比其他人更早体验到工作的获得感和幸福感。

19. 不拒绝新事物、新经验

正如企业界不断发生"黑天鹅"事件一样，教育领域的新经验、新样态也会批量出现。当既有的模式被不断颠覆，思维被不断刷新，你再不能对这些新经验、新样态看不见、瞧不起，要时刻保持危机意识和求变意识，不拒绝新经验、新事物，如此你便具有了一种"富人思维"。

20. 主动承担责任

有句话说得好："工资是发给日常工作的员工，高薪是发给承担责任的员工，奖金是发给做出成绩的员工，辞退信是送给没有结果还要个性的员工的。"不要总是抱怨，抱怨只会徒增烦恼，也是在打自己的耳光；不要总是着急，急着于高工资、高职位。人生都是走着走着就开阔了，就升级了。

21. 带着解决方案去请示领导

凡事一定要向前再思考一步。不仅要发现问题、反映问题，还要思考解决问题的方案，尤其是向领导汇报工作，一定不能只带着问题去，要将问题和方案一起带过去。

22. 千万不要接受家长的宴请或红包

这也许是无须提醒的事情。但是，我依然要提出来。守住这个底线，一定可以让你的职业道路更加从容和心安，否则，你的工作会很被动。作为教师，总是要唤醒内心深处的那份崇高感，总要写好冥冥中的那个大写的"人"字。

附录二：写给办学人的八条约誓

第一条：办教育是一件伟大的事情！作为办学人，我们首先是教育者，然后才是创业者。无论何时、何地，我们都坚定一个信念：做有底线、有良知、有尊严的教育，做温暖人心的教育。

第二条：急功近利是办教育的大忌。如果为了经营利润而总是伤害学生或老师的利益，那将是发展的致命伤。

第三条：教师强则学校强，请把教师当作学校发展的第一资源。学校能真正把教师当作家人，教师就会真正把学校当作自己的家。

第四条：放手很重要。如果我不懂教育，就充分相信，并放手让懂的人去干！

第五条：我们的对手不是公办学校，也不是比自己更强大的同行，学校发展真正的对手其实是我们自己！

第六条：幸福是我们的手段，也是我们的目的，所以请时刻提醒自己：我的学生会有怎样的未来？我的员工会有多少发展的可能？他们快乐吗？他们幸福吗？

第七条：学习是一种信仰。学会学习比学会解决问题更重要。失去了学习的动力，也就失去了幸福的机会！所以，请谨记：校长（办学者）好好学习，教师天天向上；教师好好学习，学生天天向上。

第八条：永远不做责任的旁观者！作为办学人，仅仅热爱教育是远远不够的，还要对教育始终保持一颗敬畏之心，因为敬畏教育比热爱教育更能让我们走得远。

图书在版编目（CIP）数据

非常教师/褚清源，黄浩，崔斌斌著. —济南：山东文艺出版社，2018.3
ISBN 978-7-5329-5597-8

Ⅰ.①非… Ⅱ.①褚…②黄…③崔… Ⅲ.①小学教育—研究 Ⅳ.①G62

中国版本图书馆 CIP 数据核字（2018）第 020154 号

非常教师

褚清源　黄　浩　崔斌斌　著

主管单位	山东出版传媒股份有限公司
出版发行	山东文艺出版社
社　　址	山东省济南市英雄山路 189 号
邮　　编	250002
网　　址	www.sdwypress.com
读者服务	0531-82098776（总编室）
	0531-82098775（市场营销部）
电子邮箱	sdwy@sdpress.com.cn
印　　刷	山东德州新华印务有限责任公司
开　　本	710 毫米×1000 毫米　1/16
印　　张	17　插页/2
字　　数	220 千
版　　次	2018 年 3 月第 1 版
印　　次	2021 年 1 月第 4 次印刷
书　　号	ISBN 978-7-5329-5597-8
定　　价	36.00 元

版权专有，侵权必究。如有图书质量问题，请与出版社联系调换。